U0358566

版本與目錄

辛德勇

读书随笔集

生活·讀書·新知 三联书店

图书在版编目（CIP）数据

版本与目录／辛德勇著. —北京：生活·读书·新知三联书店，2020.8
（辛德勇读书随笔集）
ISBN 978 – 7 – 108 – 06900 – 9

Ⅰ．①版… Ⅱ．①辛… Ⅲ．①版本目录学－中国－文集
Ⅳ．① G256.22-53

中国版本图书馆 CIP 数据核字（2020）第 133532 号

责任编辑　张　龙
装帧设计　薛　宇
责任校对　曹秋月　常高峰
责任印制　徐　方
出版发行　生活·讀書·新知 三联书店
　　　　　（北京市东城区美术馆东街 22 号 100010）
网　　址　www.sdxjpc.com
经　　销　新华书店
印　　刷　河北鹏润印刷有限公司
版　　次　2020 年 8 月北京第 1 版
　　　　　2020 年 8 月北京第 1 次印刷
开　　本　880 毫米 × 1230 毫米　1/32　印张 7.5
字　　数　149 千字　图 69 幅
印　　数　0,001 – 6,000 册
定　　价　58.00 元
（印装查询：01064002715；邮购查询：01084010542）

作者近照（黎明 摄影）

辛德勇，男，1959年生，北京大学历史学系教授，北京大学古地理与古文献研究中心主任。主要从事中国历史地理学、历史文献学研究，兼事中国地理学史、中国地图学史和中国古代政治史研究，主要著作有《隋唐两京丛考》《古代交通与地理文献研究》《历史的空间与空间的历史》《秦汉政区与边界地理研究》《建元与改元：西汉新莽年号研究》《旧史舆地文录》《石室䐵言》《旧史舆地文编》《制造汉武帝》《祭獭食蹠》《海昏侯刘贺》《中国印刷史研究》《〈史记〉新本校勘》《发现燕然山铭》《学人书影（初集）》《海昏侯新论》《生死秦始皇》《辛德勇读书随笔集》等。

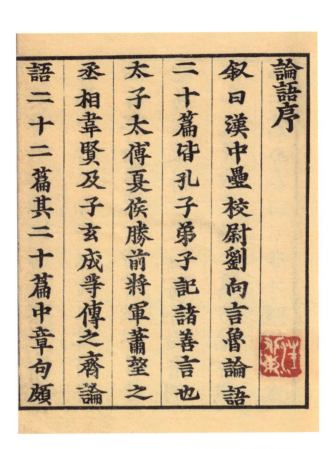

論語序

叙曰漢中壘校尉劉向言魯論語
二十篇皆孔子弟子記諸善言也
太子太傅夏侯勝前將軍蕭望之
丞相韋賢及子玄成等傳之齊論
語二十二篇其二十篇中章句頗

图一 《四部丛刊初编》影印日本正平刊本《论语集解》卷首何晏序

說文解字通釋卷第二

繫傳二

文林郎守祕書省校書郎臣徐鍇傳釋

朝散大夫行祕書省校書郎臣朱翶反切

三部　文四百六十五　重二十二

屮

木初生也象丨出形有枝莖也古文或以爲艸字讀
若徹凡屮之屬皆從屮尹彤說臣鍇曰屮從丨引而
上行音進艸始脫莩甲未有歧根今班固漢書多用此爲
艸字齊有輔國錄事叅軍王屮字簡樓作武昌頭陁寺碑

图二　清道光十九年（1839）祁寯藻依景宋钞仿刻本
　　《说文解字系传》

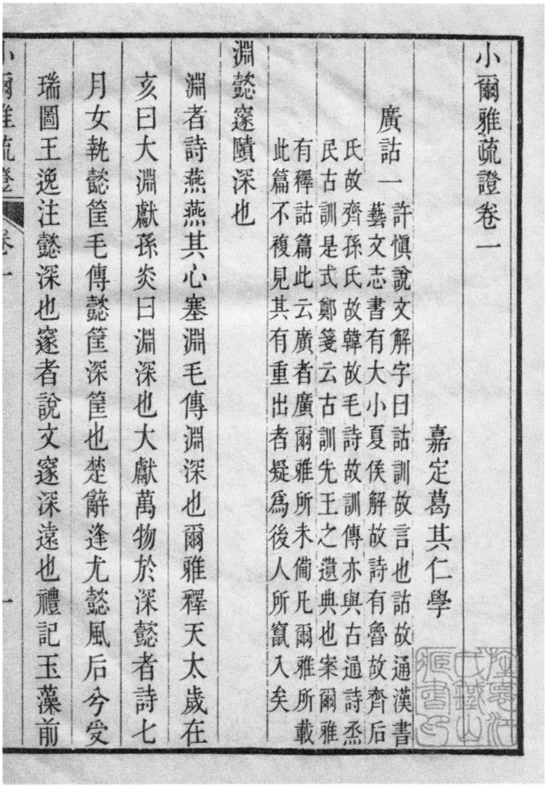

小爾雅疏證卷一

嘉定葛其仁學

廣詁一　許慎說文解字曰詁訓故言也詁故通漢書藝文志書有大小夏侯解故詩有魯故齊后氏故齊孫氏故韓故毛詩故訓傳亦與古通詩烝民古訓是式鄭箋云古訓先王之遺典也案爾雅有釋詁篇此云廣者廣爾雅所未備凡爾雅所載此篇不復見其有重出者疑爲後人所竄入矣

淵懿邃賾深也

淵者詩燕燕其心塞淵毛傳淵深也爾雅釋天太歲在亥曰大淵獻孫炎曰淵深也大獻萬物於深懿者詩七月女執懿筐毛傳懿筐深筐也楚辭逢尤懿風后兮受瑞圖王逸注懿深也邃者說文邃深遠也禮記玉藻前

小爾雅疏證　卷一　一

图三　清道光十九年（1839）歙县学署原刻本葛其仁《小尔雅疏证》

清代藝文略

總叙

朱師轍述

清代學術。卓越宋元明。著述之富。考訂之精。校勘之勤。胥足邁焉。四部之中。以經學為最。蓋清儒多由小學通訓故為根柢。益以考證名物。發明精義。其於派別源流。釐然不亂。邃成專科。才知之士。而能總挈綱要。史部雖有宏著。然駿治經則不逮遠甚。又皆以條致雜記為駁。瀹垔墊編。其雜逃。成一家之言。而為史之正宗者蓋寡。子部率多考校注釋秦漢諸子。其考經文。糾正史舉。彙編而成者亦眾。至於發揮學說。自根崇風。獨立成家。胥有者則趄。集部以文鳴者。實不乏其人。取則漢魏六朝唐宋。駢散各體。詩亦稱盛專家。派別相承。率能繼軌。曲仿元人。亦足與明菲駕。有清一代學術。綜詞尤超佚前朝。追縱宋代，以更部為最裵。

有清經籍廣博。學術浩穰。好學之士。苦難研求。斯編採取清史藝文志四部面計之。以經學為最盛。

図四　朱师辙手批《清代艺文略》

禮記卷第一

曲禮上第一　禮記

鄭氏注

曲禮曰毋不敬（禮主於敬。）儼若思（儼，矜莊貌，人之坐思儼然。）安定辭（審言語也。易曰：言語者，君子之樞機。）安民哉（此上三句可以安民，說曲禮者美之云耳。）敖不可長，欲不可從，志不可滿，樂不可極。（四者慆慢，近游戲，近貴戚近習。敖，慢也。月令曰遊……所行之道也。）

賢者狎而敬之，畏而愛之。（狎，習也，近也。謂附近而習其所行之道。）愛而知其惡，憎而知其善。（謂凡與人交，不可以已之愛憎誣人之善惡。）積而能散，（謂已有蓄積，見貧窮者則當能散以賙救之，若宋樂氏。）安安而能遷。（安安，謂心服曰畏，見畏曾子曰吾先子之所畏。愛謂心服之所……謂已今安此之安，圖後有害則當能遷，晉舅犯與姜氏醉重耳而行近之。）臨財毋苟得，（爲傷廉也。）臨難毋苟免。（爲傷……）

图五　清嘉庆十一年（1806）张敦仁仿刻宋淳熙四年
（1177）抚州公使库本郑玄注《礼记》

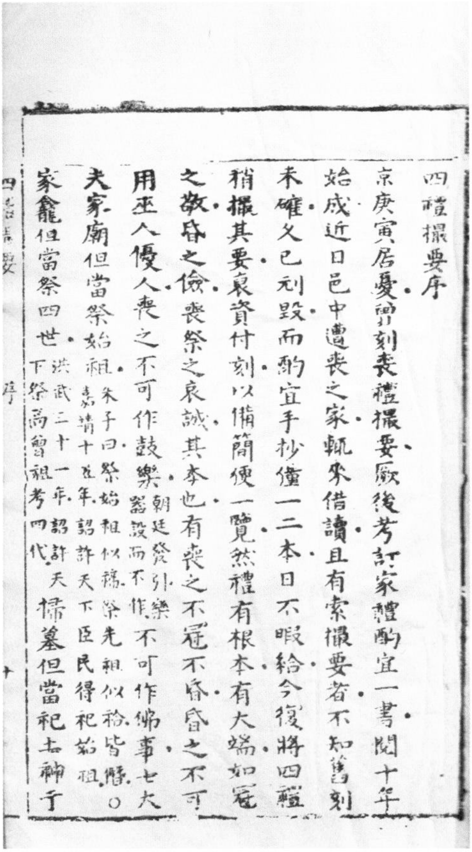
四禮撮要序

京庚寅居憂曾刻喪禮撮要厥後考訂家禮酌宜一書閱十年始成近日邑中遭喪之家輒來借讀且有索撮要者不知舊刻未確久已刓毁而酌宜手抄僅一二本日不暇給今復將四禮稍撮其要裒貲付刻以備簡便一覽然禮有根本有大端如冠之敬昏之儉喪祭之哀誠其本也有喪之不冠不昏昏之不可用巫人優人喪之不可作鼓樂（朝廷發引樂器設而不作）不可作佛事七大夫家廟但當祭始祖（朱子曰祭始祖似禘祭先祖似祫皆僭○嘉靖十五年詔許天下臣民得祀始祖）家龕但當祭四世（洪武二十一年詔許天下祭高曾祖考四代）掃墓但當祀土神于

四禮撮要　序　十

图六　约清初刻本甘京《四礼撮要》

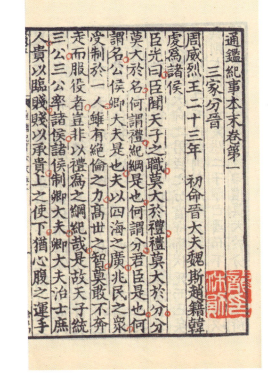

通鑑紀事本末卷第一

三家分晉

周威烈王二十三年　初命晉大夫魏斯趙籍韓
虔爲諸侯

臣光曰臣聞天子之職莫大於禮禮莫大於分分
莫大於名何謂禮紀綱是也何謂分君臣是也何
謂名公侯卿大夫是也夫以四海之廣兆民之衆
受制於一人雖有絕倫之力高世之智莫敢不奔
走而服役者豈非以禮爲之綱紀哉其故天子統
三公三公率諸侯諸侯制卿大夫卿大夫治士庶
人貴以臨賤賤以承貴上之使下猶心腹之運手

图七　《四部丛刊初编》影印宋刊本《通鉴纪事本末》

图八　俞樾致潘祖同函

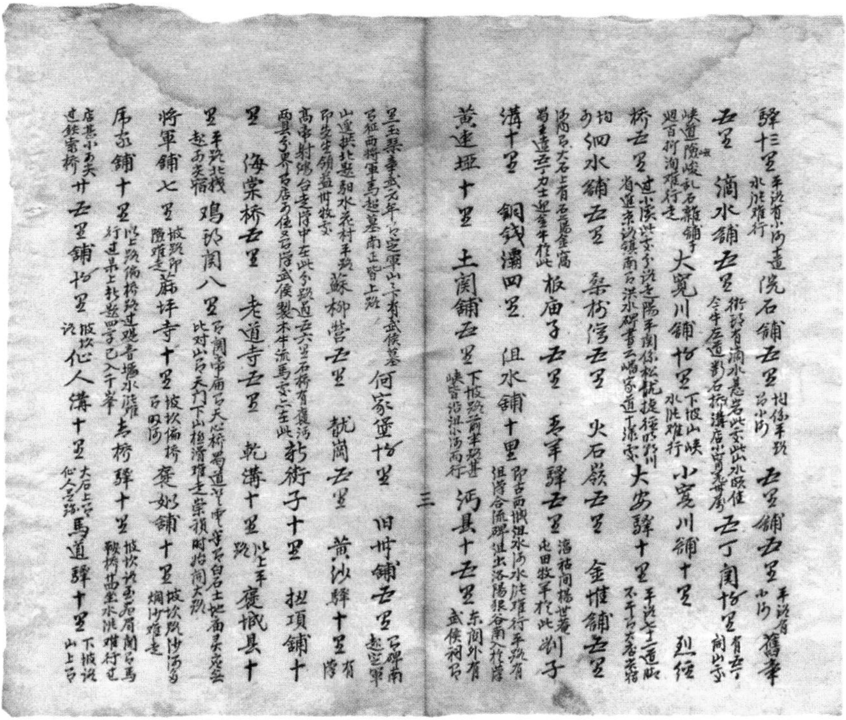

驿十里……院石铺五里

五里　滴水铺五里

大宽川铺十里　小宽川铺十里

桥五里……大步驿十里

回水铺五里

黄连垭十里　铜钱滩四里　土阔铺五里

菜桥湾五里　火石岩五里

沮水铺十里　毛牢驿五里　金堆铺五里

沔其十里　武侯祠内

何家堡十里　新街子十里　挝项铺十

苏柳营五里　胤阔五里　黄沙驿十里

麻评寺十里　龚娜铺十里　襄城县十

将军铺七里　鸡汉关八里

海棠桥五里　老道寺五里　乾溪十里

床京铺十里

去里铺十里

仙人沟十里　马道驿十里

图九　重庆至京都路程

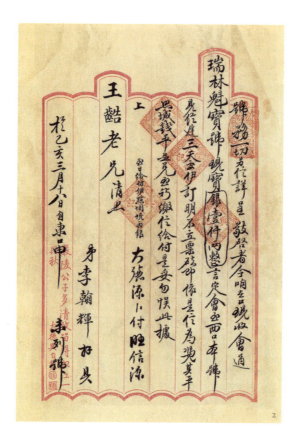

图十　清光绪元年（1875）年三月十八日东口大德兴记给西口
　　　大德兴记未列号信汇

总　序

三联书店这次同时帮我出版六册小书。册数多了，内容又显得七零八落，于是需要对此做一个总的说明。

人生在世，本来有很多事可以做；即使像我这样的书呆子，除了自己读书，还是可以兼做一些社会工作的，我也很愿意去做一些这样的工作。

当年之所以从社科院历史所断然离去，并不是因为我太清高，不想做俗事。对自己的学术研究，我从来就没有什么高远的期许。像我这样中小学教育都接近荒废的人，在那样一个特殊的文化断层年代，连滚带爬地竟成了个做学问的人，没有任何自负，只有暗自庆幸，庆幸自己的侥幸。要是能够在这个国家融入世界的过程中，有机会直接为社会做出一些努力，同样会感到十分庆幸，那是难得的福分。

可是，当你尝试做一些事儿的时候，很快就会明白：你面对的是一块铁板，实际上什么也做不了。剩下的，就只有困守书斋，自得其乐了。

讲这话的背景，是我这一代人的社会理想。所谓"我这一代人"，实际上是指与七七、七八级大学生同期的那一个群体。这些人中年龄大的，比我上大学的年龄要翻个番，我属于那一批人中年龄垫底的小字辈儿。但我们还是有大体相似的成长经历，因而也有着相似的社会理想和人生情怀。

时光荏苒，世事沧桑。现在，到这一代人渐渐离去的时候了。伴随自己的，只剩下房间里的书。

一个人的生活，单调到仅仅剩下读书，不管写什么，当然也就都离不开读书。因读书而产生的感想，因读书而获得的认识，还有对读书旧事的回忆，等等。所以，这套小书总书名中的"读书"二字，就是这么来的。

如果一定要说自己在读书过程中有什么比较执着的坚持，或者说有什么自己喜欢的读法的话，那就是读自己想读的书，用自己觉得有意思的方式去读。多少年来，我就是这么走过来的。

细分开来，大致可以举述如下几个方面的做法来说明这一点。

一是读书就是读书，没什么读书方法可谈，更没什么治学方法可说。读书方法和治学方法，是合二而一的事情。论学说学的人，问学求学的人，不管教员，还是学生，讲究这一套的人很多，或者说绝大多数人都很讲究这一套，都很喜欢谈论这一套。可对于我来说，或许勉强可以算作一种读书治学方法的东西，好像只有老师史念海先生传授的"读书得间"和另一位老师黄永年先生传授的"不求甚解"这八个字（两位老师对我都非常好，估计也不会另有什么锦囊妙计秘而不传）。除此之外，别无他法。我一直是随兴之所至，想读什么就读什么，读到哪儿算哪儿。既没有能力，也没有丝毫意愿去参与这类所谓"方法论"问题的议论和纷争。

正因为如此，这六册小书里虽然也有个别文稿，由于种种原因，看似谈及所谓读书方法问题，但是：其一，这些话都卑之无甚高论，根本上升不到方法论的高度；其二，写这些文稿都有特殊的原因，一定程度上乃不得已也。大家随便看看就好，把它更多地当作一种了解我个人的资料来看或许会更恰当一些。

二是喜欢读书，这只是我自己的事儿，既与他人谈论什么无关，也与学术圈关注的重点、热点无关。以前我说过两句像是自己座右铭的话："学术是寂寞的，学术是朴素的。"做学术研究，首先就是读书，因而也可以改换一个说法，即读书是寂寞的，读书是朴素的。对于我来说，读书生活的寂寞，最突出的表现就是静下心来读自己的书。天下好玩儿的书有好多，我对那种一大堆人聚在同一个读书班里读同一段书的做法，一直觉得怪怪的，很是不可思议。

三是读书过程中遇到什么问题就自己思索，很不喜欢凑集一大堆人七嘴八舌地讨论同一个问题。若是遇到的问题超出自己既有的知识范围，那么，就去找相关的书籍阅读，推展自己的知识范围，学习新的知识。我一直把治学的过程，看作学习的过程。自己觉得，这样读书，有些像滚雪球，知识这个"球"就会越滚越大。我习惯用平常的知识来解决看似疑难的历史问题，而不是依仗什么玄妙的方法。所以，安安静静读书求知，对我很重要。

"读书"之义，介绍如此，下面再来谈"随笔"的意思。

"随笔"二字既然是上承"读书"而来，单纯就其字面含义来讲，倒容易解释，即不过是随手写录下来的读书心得而已。不过这样的理解，只适合于这六册小书中的一部分文稿，若是就全部文稿而言，这样的解释显然是很不周详的。

总的来说，我写这些"随笔"并不随便，都是尽可能地做了比较认真的思考，或是比较具体的研究，其中相当一些文稿还做了比较深入细致的论证和叙说，只是在表现形式上，绝大多数文稿，从文体到句式，都没有写成那种八股文式的学术论文而已。另外，从这六册小书的书名可以看出，这套"随笔"所涉及的范围，从"专家"的标准来衡量，似乎稍微有点儿过泛过杂，或者说太有点儿随心所欲，不过这倒和"随笔"的"随"字很搭。

综合内容和形式，收录在这六册小书里的文稿，可以大致包括如下几类。

第一类是追念学术界师友或回忆自己往事的文稿。不管是旧事，还是旧情，都是当代学人经行的痕迹，在很大程度上也都体现着我本人的心路历程。年龄越来越大了。虽然没有什么了不得的经历和见识，但时光在飞速流逝，当年寻常的故事，后来人也许会有不寻常的感觉。以后在读书做研究的余暇，我还会继续写一些讲述以往经历的文稿。

第二类是一般意义上的学术随笔。读书有得而记，有感而发。其中有的内容，已经思考很长时间，有合适的缘由，或是觉得有写出的必要，就把它写了下来；有的内容则是偶然产生想法，一挥而就。虽说学术随笔归根结底只不过是一时兴到之作，但我不管写什么，都比较注重技术性环节。这是匠人的本性使然，终归没有什么灵性。

第三类是一些书序和书评，其中也包括个别拙著的自序。写这些文章，虽然有时候免不了会有情谊的成分，会有程序性的需求，但我仍一贯坚持不说空话废话，而是努力讲自己的心里话，谈自己对相关问题的思考、感想和看法。这些话，有的还不够成熟，写不成专题论文；有的就那么一星半点的知觉，根本就不值得专门去写；有的以前做过专门论述，但论证往往相当复杂，或者这些内容只是庞大论证过程中的一个很小环节，读者不一定注意，现在换个形式简单明了地写出来，更容易让大家了解和接受。总之，不拘深浅，不拘形式，更不管别人高兴还是不高兴，我总想写出点儿自己的东西。

第四类是最近这几年在各地讲演的讲稿。近些年，社会文化生活的形式出现了一种新的现象，很多非专业的人士，对历史文化知识产生了浓厚的兴趣，而且不再满足于戏说滥侃，需要了解一些深入严谨的内容。由于没有受过专业训练，在阅读相关书刊之后，这些人士很愿意通过面对面的接触与互动，更好地理解相关的知识。另一方面，一些大学在读的本科生、研究生，也有同样的需求。这样，就有许多方面组织了学者与读者的会面，我也参加过一些这样的活动。收录在这六册小书里的讲稿，大多就是我参加这类活动时的"作业"。当然也有部分讲稿是用于其他学术讲座的稿子。

这些讲稿有的是很花费工夫的专题研究，只是因为有人让我去讲，我就用讲稿的形式把相关研究心得写了出来；还有的讲稿，是为适应某种特别的需要而临时赶写，难免不够周详。相信读者很容易看明白这一点。

另有很大一部分讲稿，是为我新出版的书籍或者已经发表过的论文，面向读者所做的讲说。其中，有的是概括介绍拙作的主要内容、撰著缘起、内在宗旨、篇章结构等；有的是对书中、文中相关内容的进一步引申、发挥或更加深入的研究；有的是针对某些异议，说明我的态度和思辨方法。

我的目的不是想让读者或是他人一定要接受我的学术观点，但我希望通过这些努力，能够帮助那些想要了解敝人学术看法的人尽可能准确地理解我想说的到底是什么。这一点看似简单，其实却很不容易。我只能尽力而为，但无须与人争辩。当然在这样的讲述过程中，我常常还会谈到一些其他的知识，希望这些内容也能够对关心我的读者有所帮助。

总的来说，我自己是比较喜欢这些"随笔"的，它不仅拉近了我和读者的距离，更给了我机会，在这些文稿里讲述一些不便写在"正规"学术文章中的内容。希望读者们也能喜欢。

　　至于这六册小书的归类，不过是按照内容大体相近而略作区分而已。不然，一大本书太厚，没法看。

2020 年 3 月 30 日记

目　次

自　序

这一册书，是敝人《辛德勇读书随笔集》系列中的一本，所收录的文稿，大多与古籍版本或是古籍目录有关。所以我就在这里谈谈对古籍版本、目录知识的一点儿看法。

目前敝人在北京大学历史系教书。经官方核准，我身兼历史地理学和历史文献学两个学科的"博导"，也就是有资格指导博士研究生的教员。历史文献学方面这个博导身份，当然是靠古籍版本、目录知识混来的。不过我一直不大愿意招收历史文献学的博士生，实际上也很少招收这方面的学生。这么想，这样做，是基于我对这些知识的看法。

就一个人毕生所要从事的专业这一意义而言，我不觉得古籍版本目录知识是一门需要专门去学的学问，更不觉得这些知识是值得专门从事的学问。这么想，并不是我觉得这些知识不重要。恰恰相反，我觉得这些知识非常重要，重要到让我觉得若是不具备良好的版本目录知识就不是一个十分合格的文史学者的程度。

很多朋友都知道，我今天能够粗略地知晓一些古籍版本目录知识，主要是得自业师黄永年先生的教诲。黄先生谙熟古籍版本目录，却很不喜欢别人称他为版本目录学家。其原因就是他始终认为，这些知识应是研究古代文史必备的入门技能，也可以说是进身的阶梯。不具备这些知识，至少不能说是一个很合格、很称职的文史学者，而掌握这些知识，则是每一个文史学人都应当努力为之的。

永年师这样的学术观念，深刻地影响了我。一方面，这促使我一直努力学习古籍版本目录知识；另一方面，也使我始终不想把这当作专心一意从事的专业，甚至不大主张学生脱离具体的文史问题研究而去专门研究版本目录问题。

这样看待版本目录问题的研究，除了业师黄永年先生的影响之外，还有我自己的观察和体会。我观察中外学者对相关问题的研究，总的感觉是，越是专门研究版本目录的学者，越难有深入、重要的学术见解，而提出那些重大学术创见的学者，并没有什么人只是盯着版本做版本，盯着目录做目录。其实这在本质上同其他文史问题的研究都是一样的，没有博大，就绝无精深可言。只不过版本目录问题几乎所有文史学者都会有所涉及，它的独特性在各类文史问题中又显得比较突出，所以也就比较引人注目而已。

为了做好文史研究而学习、研究版本目录知识，紧密结合自己的文史研究而研究版本目录问题，这就是我涉入这一领域的基本态度和基本立足点。希望大家了解这一情况。这样，或许能够更好地理解这本小书的内容。除了这一根本宗旨之外，我还想谈两点想法，供关心版本目录知识的朋友参考。

一是在重视版本目录知识与搜求利用孤本秘籍之间的关系。

谈到版本目录知识，现在有很多人，往往会把它同对孤本秘籍的搜求利用紧紧联系到一起；有不少人甚至是为了更好地搜求利用孤本秘籍才知道天底下竟然还有这样一门叫"版本目录"的知识。

然而，我理解的版本目录知识，我愿意为之付出努力的版本目录知识，从根本上来说，却是与此道大相径庭的。学习这些版本目录知识，首先是为了在研究中能够识大体，能够通过全面了解文献学的背景而更好地运用基本史料。这也是黄永年先生一再向我传授的治学之道；或者用他的话来讲，这才称得上是"正道"。不先老老实实地踏上这条正道，而一上来就竞相争抢人所未见的新史料，不管是从地底下挖出来的，还是从老乡家房梁上或是海外图书馆角落里�9摸到的，都是旁门左道。

走正道，读常见书而知稀见书，这样才能更好地发掘利用稀见史料的价值。正是为了读好用好常见书，才需尽可能地丰富自己的版本目录知识。道理就是如此。

二是学习版本目录知识，掌握版本目录知识，应该贯穿一个文史学人的一生。既不可能等打好了版本目录的基础再来做研究，也永远不会修炼成仙再不用下功夫。这是一门伴随我们一生而需要不断拓展、不断汲取的知识，永远没有止境。

　　这虽然是一条看不到尽头的路，但只要我们迈开步子，就会一步步取得进展。希望我这些话，也希望我这本小书，对那些有志于文史研究并对版本目录知识感兴趣的朋友有所帮助。

2020 年 3 月 30 日记

我怎样看待版本目录学研究

前两天刘玉才先生让我来参加这个会议的时候，嘱咐我在这里和各位谈一谈对中国古籍版本目录学研究旨趣的看法。他出的这个题目，让我有些困惑，甚至很是踌躇。因为稍微关注过一点儿敝人过去所做研究的朋友都知道，通常我是不谈这类治学方法或治学理念的问题的。

为什么？

一是因为我自己也弄不懂这些事儿，一直稀里糊涂地往前摸着石头走。所谓"以其昏昏，使人昭昭"，这样胡乱讲，有害无益，甚至会造成很恶劣的影响。用京油子的俚语讲，就是会把人带到沟儿里去。所以，还是少说为佳。

二是我一直认为，人文学科的研究具有强烈的个性化特点。

对这种学问，往往一个人有一个人的看法，一个人有一个人的做法。所谓各尊所闻，各行其是，想怎么看就怎么看，愿意怎么干就怎么干。撸袖子的是一派，光膀子的是另一派，撩裙子的也可以自成一派（古时候咱中国男人没有裤子穿，也跟苏格兰男人一样穿裙子）。谁也没有权利说只有自己的姿势才是标准姿势，自己认准的路数才是西天正道。这类学问，通常不管由谁来做、不管你怎么做，都难以尽善其美，即若有其长，就必有其短；换句话来说，优点越突出，往往也就意味着缺点更明显。这样一来，还有什么必要聒噪不休呢？不说也罢，不说更好。

三是我觉得像版本目录学这样的学问，做的是实学。这也就意味着研究者用的是实在力气，花的是实在工夫，解决的是实在问题。

这种学问，年轻的时候精力旺盛，更容易做得好、做得深、做得精；年龄一大，大多数人自然力不从心，或者是虽然尚可勉力为之而功成名遂者却不想再做苦功，这是无可奈何的事情，也是可以理解的事情。一代代学人都是这么走过来的。

那么，顺其自然就是了。做不动了就不做；不想费牛劲儿干活儿，也不妨一边儿歇着。可是很多人身子不行了，嗓子眼儿里的劲头却越来越大，特别喜欢摆出名家的派头。

多少年来，我一直提醒自己，千万不要好为人师（现在在大学里做教书匠，需要不停地讲，这跟"师"没什么内在的联系，只是讨口饭吃而已），不要讲这些让大学一二年级本科生听起来好像很高妙而实际上却空洞无物的大道理。尽管我有很多自己的坚持，甚至冥顽不化，固执得很，但这仅仅是我自己个儿的事儿，跟别人没有丝毫关系。所以，我绝不妄对他人轻言治学方法和治学理念这些事儿。

最近几年，由于种种原因讲过一些看似与此相关的内容，但大家只要认真看过我讲的这些东西就会知道，我只是讲自己是怎样想、怎样做的。这是为了让关心敝人研究的人了解我的想法，让这些人知道，我虽然很蠢很笨，但做蠢活儿笨活儿的时候，也会有一些方法论的思考，并不是脑瓜子里一片空白啥也没想，但绝不认为自己这些认识对别人也具有方法论的意义。

既然来了，我就本着这种精神，和各位朋友谈一谈我是怎样看待版本目录学研究这回事儿的。这些话，大家觉得或对或错、或是或非都没有关系，知道天下有这么一号人就行了。假如我讲的这些话，对大家多少有些参考价值，能够引发一些思考，就算我没有白讲，没白白占用大家的时间。

一 版本目录是中国古代历史文化研究的重要内容

我讲这个内容，很多人会以为很平常，不过老生常谈而已。可若是细说起来，也许还有一些不那么平常的东西。

说这个内容平常，是不用说谁都知道的，不管是古籍版本知识，还是古籍目录知识，当然都是中国古代历史文化的重要组成部分；但若说这个问题也不那么平常，就是目前学术界的一般认识和实践，实际上大多只是就版本目录来研究版本目录，这意味着版本目录表象背后所蕴含的大量历史研究的价值，并没有在普遍的层面上得到足够的认识，更缺乏足够的挖掘和利用。

谈到这一问题，我们首先要大力肯定的是，近十几年来，版本目录学的研究取得了很多重要的实质性进展，而在诸多进展中，这些年成长起来的年轻学人，也就是我们这次会议的主角"新生代"学人，起到了最为重要的作用，做出了最大的贡献，可圈可点，可喜可贺。

这样的研究，虽然是版本目录学研究最基本的内容，甚至也可以说是最核心的内容，但并不是版本目录研究的全部。我们若是对这些基本内容向外适当拓展，向中国古代历史文化研究的其他主题延展，就可以看到版本目录学的外延，还有很大一片广阔的田野，在等待着我们去耕耘，在诱惑着我们去垦殖。

我们向外拓展版本目录学的研究范围，具有广阔的空间，其内在机理是历史文献研究在中国古代历史文化研究中的基础地位。古代的历史，已经离我们远去，我们认识它的途径，到目前为止，主要还是依赖历史文献的记载，特别是传世基本文献的记载。而我刚刚谈到的版本目录学研究的基本内容，针对的就是这些文献自身的基本特征和内在机理。这就意味着我们稍微展宽一点视野，增多一些对相关史事的认识，就可以在掌握这些历史文献基本特征和内在机理的同时，由文献学的视角切入相关的史事，探索并解决一些相关的历史问题。

下面我想从个人的学术经历中举述两个例证，来说明这一点。

第一个，是版本学方面的事例。

西晋陈寿的《三国志》，多少年来，从来没有人对这个书名有过疑问，晚近的著名学者缪钺先生，甚至明确宣称，对陈寿这部书，"如此称呼，千载相承，并无异议"。然而，一辈辈学者世代相承的看法，并不一定就真的符合历史实际，而像缪钺先生这样自信满满，也并不是在他的眼前就没有与之相悖的史料，只是由于很多学者缺乏相应的学术意识和学术眼光，对明晃晃地摆在眼前的证据视而不见，从而错失了发现真相的机会。

这个证据，就是此书直到明万历年间以前的所有旧刻本，在卷端题名的地方，都是镌作"国志"而不是"三国志"。这告诉了我们什么？它无可置疑地告诉我们：陈寿撰著的这部纪传体史书，本名是叫"国志"，而不是大家习以为常的"三国志"。

要很好地确认旧刻本陈寿书题名形式的重要性，当然需要具备很多基本的版本学知识，并不仅仅因为那个后来衍生的"三"字笔画太过简单，就相信其书古刻本没有省略这个字不镌的道理。譬如需要了解所谓"小题"和"大题"的由来与关系，需要了解卷端题名同书前目录题名的原生与衍生关系，需要了解书口题名的性质和产生过程，需要了解进书表的形式与表题的由来，等等。这些都还是基本的版本学知识和文献学知识，是我揭示陈寿书本名的基础，但我最终能够更加自信、更

日本《古典研究会丛书》影印南宋初年浙中重刻所谓咸平
"专刻本"《吴书》

加确切地认定这部书的书名是"国志"而不是"三国志"，还与对"国志"这一书名内在含义的理解直接相关，这就涉及更广阔的文化史问题，不能就版本论版本。

"国志"这一书名的本义乃是"国别之志"，即魏、蜀（汉）、吴三个政权自为一国，故犹如载述西汉史事的《汉书》一样，分别名之为"魏书""蜀书"和"吴书"，以体现其断代为"书"的设置；而若是合而观之，这三国之史又犹如国别之志。这其中有很深厚的文化背景。再并观前后时代类似的称谓，如"国风""国语""国策""国统""国春秋"之类，我们就能透过"国志"这一书名，看到一个更为普遍同时贯穿一个很长时段的社会观念。进一步思索，还会牵涉宋代以后日益盛行的正统论问题（别详拙文《陈寿〈三国志〉本名〈国志〉说》《十六国春秋本名考》。前者收入拙著《祭獭食蹠》，后者尚未正式发表）。

这样的认识，超越狭隘的版本学内容很多，但仍然主要是基于古籍版本所做的研究。这就是我所说的把版本学作为中国古代历史文化研究的重要内容所取得的成果。

第二个事例，主要是目录学研究方面的问题。

最近我研读西汉竹书《赵正书》，并据之撰写《生死秦始皇》一书，有很多内容，都涉及目录学知识，或者说都是依赖目录学知识展开论述的。其中一项重要收获，是通过对《汉书·艺文志》所著录"小说家"的分析，清楚指出新发现的《赵正书》应当是一篇小说，因而其纪事的史料价值是远不能与司马迁的《史记》相比的。这不仅廓清了《赵正书》的发现带给人们的迷惘和困惑，同时还连带着合理地解释了"偶语诗书者弃市"这句话的确切含义，进而重新阐释了秦始皇对待儒家的真实状况，还揭示了中国古代早期"小说"的真实形态。

这都是中国古代历史的重大问题，跃出狭义的目录学研究很多，但是所有这些论述的出发点，都是常规的目录学问题。这当然也是我所说的把目录学作为中国古代历史文化研究的重要内容所取得的新收获。

我自己通过这些研究所取得的经验，是研究古籍版本目录问题，犹如研究所有历史问题一样，要尽量放宽眼界，先要看得多，才能想得美，才能事半功倍，取得意想不到的收获。这么多年来，我在研究中尤其注意不要画地为牢，自我约束手脚。认真读书，读书得间，纵心所欲，走到哪里是哪里。研究版本目录问题，由于其内容几乎是所有研究都必须依赖的重要基础，就更不知道它会把你带到哪里。大胆放飞自我，由这里出发，前面会有无垠的天地。

二　版本目录学知识是研究中国古代历史文化的重要基础和必备条件

版本目录，是研治古代文史必备的入门知识。这一点，随口说说，大概谁都没有异议，可若是落实到研究实践中来，则可以说是天差地别，各有各的干法，特别是很多历史学者对掌握版本目录知识、关注版本目录问题的认识，在我看来，是很不妥当的。

例如，我的老师黄永年先生，文史兼通，学术领域宽广，在古代历史和古典文学的很多问题上，都提出了自己高水平的见解。在我十分有限的见闻范围内，黄永年先生的古代文史素养和研究水平，可以说并世无双。但由于先生的研究大多以版本目录学知识为基础，以文献考辨为主要分析手段，竟然被某些自以为是的历史学者，贬抑为"历史文献学家"，意即黄永年先生基于文献考辨的文史研究，很不够档次，算不上对古代历史"问题"的研究，当然也就不配"历史学家"这一桂冠，只能勉强算一个"历史文献学家"。

关于这一点，我可以举述一个具体的例证。大约二十年前，某位很有名，也很有地位的历史学者，当然是我的前辈学者，很诚恳地对我说："你的老师，近年出版的像《唐史史料学》和《古籍版本学》这样的书籍，才代表他的学术水平，而他关于唐史和北朝史的研究，就达不到这样的程度。"我当然听得出来，这位先生这些话的言外之意就是黄永年先生的唐史研究和北朝史研究，不管是方法，还是见识，都殊不足道。我从来无意站在师承门派的立场上来评判一个学者的素养、水平、成果和学术贡献，老师水平高并不意味着学生也有成就。抛开这些无聊的世俗观念不谈，我很在意的是，这位前辈的评价涉及我们对学术研究方法的认识，而像他这样的认识，我是不能认同的。

如同我在一开始讲的，像历史学这样的人文学科的研究，究竟该怎样做好，往往各有各的看法，各有各的做法。在我看来，黄永年先生之所以那样重视历史文献的基础，重视版本目录问题，并不是因为他要把这样的问题视作自己研究的重点问题，作为自己研究的核心内容或是专门的内容，而是因为他认为研治古代文史问题，必须由此入手，必须立足于此，不然是做不出像样的研究的。黄永年先生不止一次和我讲过，他从来不认为自己是版本学家、目录学家，他就是一个正常得不能再正常的历史学者。在他看来，若是不具备相应的版本目录学知识，就不是一个合格的历史学者。

这一点，从他撰著相关著述的情况，可以看得一清二楚。黄永年先生写《唐史史料学》《古籍版本学》《古籍整理概论》，这些内容通贯的版本目录学著作，他大致都是在一个月之内完成的，可谓一挥而就。为什么写得这样快，又能写得这么好？是因为他日积月累，知识早已烂熟于胸。平时，就是靠这些知识做学问，搞研究；到带研究生，有教学需要时，就倾泻而出，用不着现花什么力气。更准确地说，黄永年先生从来没拿版本目录学知识当一回事儿，他真正关心的，是研究和解决那些疑难的历史问题，版本目录不过是他需要利用的基本手段而已。

为更好地说明这一问题，我想从相反的方面来举述两个例证。

一个是陈寅恪先生在《隋唐制度渊源略论稿》中提出的和

籴之法由西北边州地方制度被引进成为唐朝中央制度的观点；更清楚地讲，是陈寅恪先生把和籴以济京师这件事，看作隋唐制度河西地方化的一项重要例证。针对这一观点，黄永年先生曾撰写《元魏李唐和籴以济京师事考释》一文，对陈说做出很有力的批驳（此文收入先生文集《文史探微》）。

在这篇文章写成和发表之后，先生不止一次对我讲道："没想到陈寅恪先生研究这个问题，竟连《册府元龟》都没有看。"这是因为稍一展读《册府元龟》，就可以看到许多唐代以前中原政权施行和籴以济京师的做法。这虽然大多都不是第一手的原始史料，但它很便利，也很可靠。

《册府元龟》是分类的政书（这也是黄永年先生提出的观点），主要是编录所谓"正经正史"的内容，因而查找这类史事，是极为便利的。可是，陈寅恪先生竟然查也没查，看都没看，这说明了什么？至少说明陈寅恪先生对相关目录学知识重视不够，要不然何以能够在提出如此重要的观点时竟不去稍加查核？

版本目录学知识就是这么重要，稍一疏忽，它真的就能把你带到很深的沟里去。即使你研究历史的立意再高远，所谓"问题意识"再浓烈，版本目录这一关过不了，结果都很难说。就以陈寅恪先生这项研究为事例，即使《册府元龟》里没有上述那些内容，但你若是连这样最为便利的基本史籍都没有查核过，就算结论对了，也只能说是蒙的。作为一项严谨的历史研究，这样的做法，是要不得的。

平九年下貧之家可闕三關二年京師及四方出錢億
萬糴米穀絲綿之屬平和其價以優給首遠邦嘗市
雜物非土俗所產者皆悉停之必是歲賦攸宜都邑
所乏可見直和市勿使遺刻
後魏鹿念前廢帝普泰中為右光祿大夫兼度支尚
書河北五州和糴大使
後周武帝建德三年正月詔以往歲穀不登民多
乏絕令公私道俗九有貯積粟麥者皆在口聽糶以
外盡羅

　　册府元龜　邦計部
　　　平糴
　　　　　　卷之五百二　　五

唐則天證聖元年三月二十一日勃州縣軍司府官
等不得輒取和糴物亦不得遣人巷
玄宗開元二年閏二月十八日勃年歲不稔有蕪須
通所在州縣不得開糴各令當處長吏簡較
十六年九月詔日如開天下諸州今歲普熟穀價至
賤必恐傷農加錢收糴以實倉廩逢遇水旱不虞阻
饑公私之間或亦便令所在以營平本錢及當處
物各於時價物上量加三五錢百姓有糴易者為收糴
事須兩和不得限數配糴訖具所用錢物及所收糴
物數具申所司仍令上佐一人專簡較
二十五年九月戊子勃日遞變從宜有圉嘗典糶人

濟物為政所先今歲秋苗遠近豐熟將穀糴賤則甚
傷農事資均糴以利百姓令戶部中郎昉殿中
侍御史鄭章於都畿糴取價外每斗加二兩錢和糴
粟三四百萬石所在貯掌江淮間今年所運祖停其囤輔委
度支郎中兼侍御史王翼雖此和糴粟三四百萬石
安上郎宜令休息其江淮之間或處難得宜令所司
應須舩運等卿與所司審計料秦聞
二十六年三月丙申勃日如聞穹慶兩州小麥甚賤
百姓出糴又無人糴丞聊之間以時價一兩錢糴二萬
與本道支使計會等斟加於時價一兩錢糴二萬
石變造麥飯貯於朔方軍城

　　册府元龜　邦計部
　　　平糴
　　　　　　卷之五百二　　六

二十七年九月勃日理國者在乎安人安人者在乎
足食以古先哲后立法濟時使家有三載之儲國在平
九年之蓄縱過水旱終保寧則堯湯之代錄此道
也朕以薄德丕承庥圖身在於九重心每同於兆
庶面微誠誡克送上帝降祥今歲物已秋成農郊大稔
登但京惑之積有同水火之饒宜令因豐懷頚為收貯
濟人救乏就先下茲宜令司速計料天下諸州倉及
有不充者宜量取今年稅錢各委所錄長官及
將每十加羔時價一兩錢收糴

中华书局影印明崇祯刻本《册府元龟》

16

　　另一个事例是我在研究司马光构建汉武帝晚年政治形象时谈到的田余庆先生《论轮台诏》一文的问题。

　　田余庆先生在《论轮台诏》中，以为汉武帝与其太子刘据之间存在着两条政治路线的斗争，由此导致了巫蛊之变，并出现了他在晚年改变自己治国路线的政治大变革。田余庆先生得出这一观点的史料基础是北宋人司马光《资治通鉴》的记载，而这些记载是不见于《史记》《汉书》等可信的西汉基本史料的。

　　研究不同时期的历史问题，应该怎样合理地选用史料，是一个非常基本的目录学问题。我考上研究生后，一入门跟随黄永年先生读书，他就非常明确地在课堂上讲过，研究秦汉历史问题，是绝对不能拿《通鉴》当史料用的。这是因为司马光写《通鉴》时，已经看不到任何我们今天见不到的有用的史籍。

　　而田余庆先生竟然主要依赖《通鉴》，得出这么重要的看法，能靠得住吗？尽管田余庆先生这篇文章受到中国学术界的广泛赞誉，风行中国历史学界很多年，但至少我认为是绝对靠不住的。因为这并不是什么复杂的问题，是很基本的目录学知识问题。经我查核，司马光写《通鉴》这段内容时，依据的是南朝刘宋时期王俭撰著的神仙家故事《汉武故事》。稍习史料目录学知识的人都会明白，这当然是很不靠谱的（详细的论证，别详拙作《制造汉武帝》）。

　　做古代文史研究，有的学者是很讲究"博通"的。只有博通，才能精深。只盯着一口井往下挖，是怎么挖也挖不到大海的。而研究的博通，首先就是版本目录学知识的博通，在这方面若是孤陋寡闻，其成果的总体质量和学术造诣，我总是要怀疑的。业师黄永年先生一生的研究，都以版本目录学知识作为重要基础，道理正是如此。

我想，上述这两个事例，已经能够很好地说明版本目录学知识是研究中国古代历史文化的重要基础和必备条件。反过来说，我们若是重视版本目录学知识，关注版本目录学研究，就应该能够让我们更有底气、更有条件去研究和解决狭义的版本目录学以外的众多历史问题。这也是我想和大家讲的一个重要经验和体会。

我就胡乱说这些，一如既往，卑之无甚高论，根本上不了正道，但愿不要被信为野狐禅而贻误众生。如前所述，我只是希望大家能够理解我是怎样看待版本目录学研究以及我是怎样从事这方面研究的。

2019 年 11 月 23 日上午
讲说于北京大学中国古文献中心举办的
"古典文献学新生代研讨会"

关于一本闲书的闲话

前段时间，朋友送来一本闲书，是黄裳先生身后佚文和书信的合集，题作《榆下夕拾》（齐鲁书社，2019年6月出版）。昨天略一翻检，因为感兴趣的内容实在不多，不到二十分钟也就看完了。

值得一谈的话题，是下面这样几件闲事。

第一件，是光复后周作人因"文化汉奸"罪受审的情况。当时，黄裳先生身为记者，给《文汇报》写稿子，报道这件事儿，新闻纸上的标题是《三审周逆作人》。这跟他谈旧书，抒发闲情逸致，性质不大一样，算是职务作品。不过看文字的笔调，对"周逆作人"这个"文化汉奸"，他显然是满怀愤慨的。只是法庭内外的情况，似乎令黄裳先生颇感意外，甚至还很有些失落。

首先是去旁听审判的人不像黄裳先生预想得那么多，显得"非常冷落而寂寞"。言外之意，好像是想说明，人们对这个"文化汉奸"并没有表现出应有的民族大义，以致群情激愤

《榆下夕拾》封面

地涌将上来，想看汉奸卖国贼的下场，所以才会出现这样的落寞情形。让黄裳先生更觉难堪的是，在这寥落的旁听者中，还有不少人是前来瞻仰知堂老人风度的学生（以致庭审结束，周作人下庭时，仍有包括新闻记者在内的一大群仰慕者，竟然一直跟着他走），用现在的话来讲，是很有一番追星的景象的。

不仅如此，上了法庭一看，让黄裳先生感到更为不可容忍，甚至很不可思议的事情，又接二连三地呈现在他的眼前：光复后的行政院秘书长蒋梦麟先生、教育部长朱家骅先生、北京大学校长胡适先生、北平图书馆馆长袁同礼先生等一系列场面上的大人物，还或有意或无意地提供了许多事证，以证明周作人在敌伪时期保护北大校产和北平图书馆的书籍，未在北大校中搞"奴化"教育以及帮助蒋中正的国民政府做事儿，掩护帮助反日人士，等等。

尤其值得一提的是，袁同礼先生还以北平图书馆正式公函的形式明确证明："周在任伪北平图书馆馆长一年中，书籍完整无失。"胡适先生提供的证据还表明，"复员"后查点北京大学的校产，"非但没有损失，反而增加，并详列增加的产业"，计有：A. 翠华街伪理学院校舍一；B. 松公府伪文学院新楼一；C. 海运仓伪农学院栈房二座；D. 西什库医学院全部。这些动产、不动产的价值，在什么时候都不是小数，袁同礼和胡适举述的只是事实。

法庭就是法庭，摆事实，讲道理。法官大人用的是江苏官话，周作人用的是浙江官话，一来一往，文明文雅，法官还对周家兄弟在写小说方面的闲情逸致，表现出特别浓厚的兴趣，听得黄裳先生煞是扫兴，不禁叹息道："大家对'文化汉奸'的兴趣与常识不能相符。"所谓"常识"，无非是多数人的共识。这些法庭上的旁听者，多半都是在沦陷区里见识过"文化汉奸"的平民百姓，究竟是谁的兴趣与"常识"不符，看黄裳记述的情景，恐怕还真不大好说。不知后来在上世纪50年代以后反复不停地看过公审公判"反革命分子"大会的黄裳先生，面对那种"酣畅淋漓"的场面，再回想起当年写这篇报道时所见到的情形，心里会是一番什么样的滋味。

这本闲书里让我感兴趣的第二件事是黄裳先生写给李一氓

先生的一封信。信中谈及对中华书局影印《古逸丛书三编》装帧形式的看法，其要点有三。

一是这套丛书的印本有锦函者，亦有蓝布函套者，黄裳先生以为后者"雅俊"，实"远胜锦函"，"因知古书固不以俗艳胜也"。

二是"全书皆能保持旧貌，不因稍有漫漶，动辄修版，为商务之不如，则超越《续古逸丛书》矣"。盖商务印书馆之《续古逸丛书》，凡遇漫漶不清之字，则径以墨笔描润修版。

今日吾辈评论此法得失，须知张元济先生当年主持其事，印行《续古逸丛书》等善本书籍，既非徒事玩赏，也不是仅供古籍研究专家用作校勘的材料，它是想把这些书用作普通念书人案头阅览的读本，而印本文字漫漶，"若不葺治，恐难卒读"（《张元济全集》第 10 卷《记影印描润始末》）。所以，为阅读计，便不得不对那些模糊不清的文字加以描润；可若是换一个角度，单纯以存真计，则诚属失宜。现在很多所谓"版本家"或是成长中的"版本"学人，往往在对张元济先生这一片苦心未能稍予理解的情况下，就对商务印书馆描润古书的做法大加贬斥，实在轻浮得很，也无聊得很。

三是《古逸丛书三编》签条、扉页的字号都过大（依我看，更显眼的，是与签条字号相应的签条的宽度实在太过阔展），所用仿宋字也不耐看；还有印书的牌记也太大，堪称前所未有。

上述第二点看法，其所论影印形式，是对这套丛书的赞

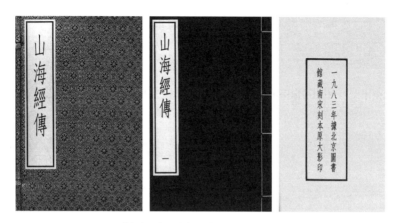

《古逸丛书三编》的锦函、书衣和牌记

美，实际无须做出什么改变。除此之外，其余两点意见都很中肯，是懂书爱书者讲得很在行的话。在这封信的末尾，附记有李一氓先生批转给中华书局赵守俨先生的指示，令其就上述意见中可以更动的地方斟酌做些改进——当时，李一氓先生应该是身任国务院古籍整理出版规划小组的组长。可我们看到的实际情况，是后来的印本并没有做出丝毫更改，如签条、扉页的字体和字号，如牌记的规格，都一如其故，甚至我后来买到的全套《古逸丛书三编》，更清一色的都是锦函装帧。看来李一氓先生这个小组长的官威实在有限，或者倒过来说是中华书局的派头实在是大，该怎么做，还怎么做。再看看后来以国家名义出版的《中华再造善本丛书》，同类毛病，愈加令人无语。读书人想要什么样的书，主持印书的官人，是根本不予理会的。

这本闲书里最好玩儿的，是在写给齐鲁书社编辑周晶先生信里谈到的这件事儿：

> 手示奉悉。承见告又有两种清代版刻图录即将问世，谢谢。不想此寂寞生活又有继起者也。黄永年序处处以顾廷龙、潘景郑之《明本图录》为例，而绝口不谈《一隅》，事甚可笑。读其序，知此书编例，意在求备，而不弃通常书本，我的《一隅》，则反是，所求几近（尽？）是不常见者。黄君对"珍本秘籍"颇有微词，而斤斤于"代表性"者，此即与我著书用意最大区别所在，亦不可以代替《一隅》之要点也（德勇案：这段文字的标点，我重新做过，与《榆下夕拾》不尽相同）。

不喜欢古刻旧本的人，对这段文字讲的是什么，也许会一头雾水，所以这里先交代一下相关的背景：业师黄永年先生的"版刻图录"，是指他与贾二强学长合著的《清代版本图录》；黄裳先生的《一隅》，是指他出版的《清代版刻一隅》；顾廷龙、潘景郑（即潘承弼）两位先生的《明本图录》，是指他们两人合著的《明代版本图录初编》。

让我觉得好玩儿的是，黄裳先生在明明知道黄永年先生编著《清代版本图录》的宗旨同他的《清代版刻一隅》完全不同的情况下，为什么还会对业师在《清代版本图录》中"绝口不谈"其书感到"甚可笑"？这笑的是什么呢？他是关公，你是秦琼，大路朝天，各走半边，谈你的书干什么？

　　或许是黄裳先生太看重自己的那本小书了，觉得不管是什么人写什么样的著述，只要提到清代的版本，就都应该像现在一些博士论文那样，一开篇就拉一长串儿书单，写明某人写过哪些跟这个主题擦点儿边儿的事儿？这未免太自作多情。

　　业师黄永年先生和贾二强学长编著的《清代版本图录》，并不是给玩儿书的闲人翻着看的，更没有黄裳先生念兹在兹的"代替"其《清代版刻一隅》的意图，而是为系统认识古籍版本提供依据。

　　在这方面，最有学术分量的著述，先有赵万里先生的《中国版刻图录》，而其明清部分存在明显不足。明代，先前有顾廷龙、潘景郑两位先生合著的《明代版本图录初编》，可略补其憾。永年师和二强学长编著《清代版本图录》，正是承继顾、潘之后更加清晰地显现清代版刻的整体发展历程。所以，永年师在序言中讲道：

　　　　《明代版本图录初编》和一般单注目于善本、孤本的书影、图录不同，它力求全面。我们这部《清代版本图录》继承了这个合理的做法，编录了不少珍本、秘籍，但更多的是常见的有代表性的版本。

平平正正，不倾不欹，学问就是这么个做法，可写新闻纸出身的黄裳先生却看得很不顺眼，竟然觉得《清代版本图录》"处处以顾廷龙、潘景郑之《明本图录》为例"的编著原则"事甚可笑"。俗语云，道不同则不相为谋，道不同也无法讨论问题。学者和文人本是两种全然不同的人物。不过令人颇感意外的是，从他信中"不想此寂寞生活又有继起者也"这句话可以看出，黄裳先生玩儿书玩儿得竟大有一番以清代版刻研究开山鼻祖自居的架势，所以他才会觉得黄永年先生对他不理不睬"事甚可笑"。可惜玩家即使玩儿得高明，终究也还只是个玩主，和学问是攀比不上的。

关于中国古籍版本学研究发展的历史，我曾经谈过，它大致经历了如下三个阶段：第一阶段的代表性学者是王国维先生，第二阶段的代表性学者是赵万里先生，第三阶段的代表性学者便是业师黄永年先生。黄永年先生在这方面的学术贡献之一，就是填补赵万里先生未曾致力的明清刻本体系，在清代版刻方面，综合考虑各项复杂的因素，将其划分为前期（顺治至雍正）、中期（乾隆至咸丰）、后期（同治至宣统）这三大阶段，同时归纳出各个阶段的主要版刻特征（别详拙稿《黄永年先生对中国古籍版本学的贡献》，收入拙著《翻书说故事》），把《清代版本图录》和黄永年先生的《古籍版本学》对着看，就能更容易理解这部图录的旨趣，就能更加清楚地认识到这部著述的学术贡献绝非那些古董家路数的图录所能并比。

在《榆下夕拾》这本闲书里，还收有一篇名曰《题〈敬孚类稿〉》的古籍跋文，做学问的人瞟一眼，就能够很具体地看出学者与文人的差别。《敬孚类稿》作者萧穆，是清代后期一位著名的学者，对古籍版本目录之学，造诣尤深，《敬孚类稿》

萧穆手迹（据黄山书社版《敬孚类稿》）

27

中即收录有很多考辨古刻旧椠的佳篇，然而一味赏玩版刻的黄裳先生，却完全无意于此，也浑然领略不到治学的乐趣，所以他才会说萧穆"文气卑□，所见亦未广，不足重也"。

其实仅仅就文章的写法而言，黄裳先生的文章写得很好，可天下文章并不止他这一种写法。学人萧穆，对文笔也自有追求，这就是他在《徐骑省集校本后序》（见《敬孚类稿》卷二）一文中所讲的，好文章"譬如绝代佳人，天生丽质，不假艳妆，玉颜独立，自足辟易群美"。两相并比，我还是更喜欢萧穆讲的这种文章，而黄裳先生的文章，好是好，但由于缺乏深刻的内涵，读多了，就像他在《清代版刻一隅》的代跋《清刻之美》一文里针对清代软体写刻本讲的那句话："正像吃多了奶油食品，是会使人发腻的。"

2019 年 12 月 30 日记

一本书一回事儿

    2017 年 7 月，《师顾堂丛书》的一个新品种——影印南宋国子监刻单疏本《周易正义》刚刚印成，师顾堂主人沈楠先生即惠赠限定特制本一册。这部书是用民国时期傅增湘先生的珂罗版影印本为底本再行印制的。书房里早有一部傅增湘珂罗版影印本，看到这部新印本，首先想到的，是想看看它与寒斋旧藏有什么不同的地方。

    也许有些人对这事儿感到奇怪。所谓"影印"，就是先拿照相机拍照或是用扫描仪扫描原书，再制版刷印。这样印出来的书，若论外貌，长得自然会和原书有所差异，但书籍的内文，也就是文字内容终不会与原书有什么不同吧？

    这事儿说简单很简单，影印古籍就是通过光学手段取影制版以印制前人的著述，新书与旧本的差别，除了因清晰度不足往往无法再现原书的所有微末细节之外，不过是规格大小的出入或是页面角度会产生一定的变异而已，而这通常只是美观与否的问题，无关乎读者对文字内容的阅读。

不过至少就我国的实际情况而言，却比这要复杂很多，像刻意抹去原本的藏书印鉴，就是一段时间以来新印本中惯行的做法。当年傅增湘先生影印《周易正义》，是印行自己花大价钱买到家里的书，倒不必做这种鸡鸣狗盗的事儿。我所关心的问题，是傅氏影印本增添的一个附件。

当年在北京琉璃厂中国书店买下傅增湘影印本，是缘于业师黄永年先生的指点。记得售价在 200 元左右。

黄先生说，这书有点儿小毛病，没有订入傅增湘的题跋。但这书当年只印行百部，且是在日本精工印制，质量精良，赶紧收下吧。当时我刚刚开始购买一点儿古书，一门心思寻觅孤本秘籍，而影印本印得再少也是成不了孤本秘籍的，况且对经学一无所知，连《周易》都看不懂，这种没有《周易》的单行义疏，更根本无法阅读，买它有什么意思呢？

说实话，只是看在老师热心指教的面上才买下这部书的，心里老大不愿意。须知这花去我整整一个月的工资啊！

买下这书三十多年了，到现在也没好好看过。近年经学陡然昌盛，不仅是脑满肠肥的暴发户，连幼儿园的小朋友都一本正经地读经（《三字经》也是经），终于实现了民国初年那一班前清遗老遗少梦寐以求的理想。时代风尚尽管如此，我还是不敢读《周易》，更不敢看这部《周易正义》。子不云"五十以学《易》"乎？万世圣人，也只是到了知天命之年，才能对付着读懂的天书，像我这样的凡夫俗子，学识当然远远达不到圣人的一半，即使活到一百岁，自然也不具备研读《易经》的资格。

《师顾堂丛书》影印宋刻单疏本　　　傅增湘珂罗版影印本《周易正义》书衣
《周易正义》内封面

不读经，也就更没有必要去读阐释经书的义疏。

买书不读，束之高阁，这就很像藏书家的藏品了。

黄永年先生和我讲，民国时九峰旧庐主人王绶珊先生在书店里买下心仪的古籍，便吩咐伙计用报纸包好，送到家中。逮王氏身故后书店重又回购其家中藏书时，见这些书籍竟封缄如初，王绶珊先生根本没再动过。

这是最典型的藏书家。所谓收藏，就是为了满足拥有，或者更准确地说是"占有"的心理。不过更多的藏书家，虽然并不通过读书做学问，甚至也可以说他们大多数人是没有能力做出像样儿的研究的，但藏书家们看待古书有自己的着眼点，借用余嘉锡先生的话来讲，他们只关注"书衣之学"，只能观察到书籍外在形式的特点和差别。不管是士礼居主人黄公丕烈，还是身居藏园的傅增湘先生，大抵皆不过如此。

看不懂内容，只能大致看看外在形态，所以心里对这部书缺少的傅增湘题跋很是好奇，只是一直没有机会偿此愿望。

翻开师顾堂新印本一看，傅增湘先生的题跋，了然在目，洋洋洒洒，整整六面。其内容，不外乎单疏本义疏在经学文献流传过程中的地位及其价值，还有这部书籍的传承脉络。大版本学家给得意之本做的解题，在这一门学问中当然具有很高的价值。

那么，为什么有的印本有这篇题跋，还有一些像我得到的印本那样没有这篇题跋？读了篇末所附苏枕书女士的文章，才得以开释积结多年的疑惑。

苏枕书女士负笈东瀛，问学访书多年，不仅谙熟当日学林书林的掌故，且文笔舒展，脉络明晰，在这篇题为《傅增湘影印南宋监本〈周易正义〉之始末》的文章里，把傅增湘购书、藏书、印书的来龙去脉，讲述得清清楚楚。不像当代很多经学家流，拿起笔来，总是自我作古，扭着肠子写些谁也读不懂的古文，让人望而生畏，不能不敬而远之。

原来傅增湘先生的跋文是此本在日本影印完工后寄回国内时才补入书中，另有一部分印本并未寄回国内，留在日本直接销售，因而也就没有订入这篇题跋。这样看来，我买到的这部《周易正义》，应该是后来从日本流入中国市场的。又当日印行的数目，是二百部，黄永年先生所说百部之数，应是记忆有误。

和师顾堂新印的《周易正义》相比，敝人旧日所得傅氏珂罗版影印本的印制质量虽然更好，也更难得，却因没有傅增湘先生题跋而颇有缺憾。现在得到《师顾堂丛书》本，看到了期望中的"傅跋"，本来已是心满意足，意想不到的是还读到苏枕书女士这篇文章，得以清楚了解这一重要古籍的流转传播过程，这真的是一本书一回事儿，每一种书都各有各的名堂，购书，藏书，读书，每一件事儿，也都需要用心去做，细心体察每一种书各自的特点。

近三十年的困惑，一旦破解，且寒斋藏本的缺陷，又得以借此师顾堂新印本弥补，自是欣兴有加，其中乐趣，唯同有此好者知之。若是更进一层，就其形式上的差异再稍加揣摩，见此《周易正义》还有一些值得重视的地方。

此本卷首，开篇首列唐高宗永徽四年（653）二月二十四日长孙无忌等奏上《五经正义》表文。这篇进书表，另见于日本宫内省图书寮所存金泽文库旧藏宋刻单疏本《尚书正义》和传录正宗寺旧钞卷子本《春秋正义》的卷首，唯正宗寺旧钞卷子本也是依据金泽文库所藏宋刻本钞录，而金泽文库旧藏本《尚书正义》和《春秋正义》固久已传入彼国，中土士人无由获睹。

此宋刻单疏本《周易正义》，在清代曾经徐松等学者收藏，但并未引起学术界充分认识，知之者殊鲜。清人陈鳣借得影钞宋本《周易注疏》，自其卷首录出长孙无忌等进《五经正义》

《师顾堂丛书》影印本《周易正义》附傅增湘跋文

周易正義　傅增湘跋

四五二

五經正義表

言臣聞混元初闢三極之道分焉醇德既醲六籍稍之文
矣於是龜書浮於溫洛爰演九疇龍圖出於榮河以彰八卦故能範
圍天地埏埴陰陽道濟四溟知周萬物所以十敎八政垂烟誠於百
王始六虛貽微範於千古詠歌明得失之迹后雅頌表興廢之由寔
刑政之紀綱乃人倫之隱括皆昔雲官司契之后火紀建極之君難步
以立訓啓舍靈之耳同質丈有異莫不開茲膠序樂以典墳耿古以弘風闡儒雅
驟馬同質丈有異莫不開茲膠序樂以典墳耿古以弘風闡儒雅
後馬鄭迭進成均之望燮興蕭戴同昇石渠之業愈峻歷夷險其敬
不隊經隆替其道彌尊斯乃邦家之基王化之本者也伏惟
皇帝陛下得一繼明通三撫運乘天地之正齊日月之暉敷四術
緯咸經邦蘊九德而辨方軌御紫宸而訪道坐玉扆以裁仁化彼
丹澤政洽幽陵三秀六穗之祥宿府无虛月集圓巢閣之瑞史不絕書
照金鐀而泰階平運王衡而景宿麗可謂鴻名茂績冠於
勳華而垂拱无為遊心經典以為聖敎幽賾妙理深玄訓詁紛綸文

傅增湘珂罗版影印本《周易正义》内文首页

35

表（陈鳣《经籍跋文》卷一《宋本周易集解跋》），卢文弨又转录此表并刊入所撰《群书拾补》（卢文弨《群书拾补》卷一《五经正义表》附卢氏案语并瞿镛《铁琴铜剑楼藏书目录》卷一"周易注疏"条），其后王鸣盛《蛾术编》、孙星衍《续古文苑》，均据《群书拾补》转载这篇表文，方使其在学术界有较大范围的流布。

唐太宗至高宗时期，朝廷组织修撰并颁行《五经正义》，是中国古代学术史乃至思想文化史上的一件大事，而这篇表文是反映其修撰过程的重要文献，特别是具体载述了高宗时期笔削改定孔颖达旧稿的情况，其较为原始的文本，在中国国内可以说是仅赖单疏本《周易正义》始得以传世，这是这部《周易正义》除了《正义》本身文字内容以外的一项重要价值。

尽管这篇表文不长，我却没心思一一核校卢氏的录文是否准确无误，吸引我注意的，是紧接着这篇进书表的序文，并没有题署作者孔颖达的姓名，只是用"周易正义序"五字作题目，接下来就直接是这篇序的正文，可是翻检宋刻单疏本《尚书正义》卷首的序文，却在"尚书正义序"这一篇题之下书有：

国子监祭酒上护军曲阜县开国子臣孔颖达奉敕撰

面对这两种一无撰人署名、一有作者姓名职衔的印制形式，我考虑的问题是：究竟哪一种形式才是孔颖达自己写定的形态呢？

这样想，是因为这两篇书序同样是由孔颖达本人撰写于贞观十六年（642），也同样是在高宗永徽年间重由长孙无忌等笔削改定，颁行天下，题名或不题名，当初应有统一的写录形式。

这事儿说来话长，看似很简单，却也不易叙说清楚，下面不妨先从我对书序的了解说起。

古人著书，在正文之外，本无"序"之一说，其内在性质相同而形式又较为清楚者，如司马迁《太史公书》，篇末最后一卷《太史公自序》，还有班固《汉书》的最后一篇《叙传》、王充《论衡》末篇《自纪》、王符《潜夫论》末篇《叙录》、刘勰《文心雕龙》末篇《序志》等，实质上都是作者自己撰著的书序，而将其直接写入内文，不在本书正文之外另立序文。早期情况，大抵如此。

后来情况逐渐发生变化。如隋初颜之推著《颜氏家训》，内文首列《序致》一篇，王利器先生著《颜氏家训集解》，就此阐述说："六朝以前作品，自序往往在全书之末，亦有在全书之首者，如《孝经》之《开宗明义》第一章是，此亦其比。"我们看日本入唐求法高僧空海所撰《文镜秘府论》，也是把序文写在其书正文的开篇之处，沿承的就是《颜氏家训》这样的做法。

就在这一变化的过程之中，也出现了独立于著述本文之外的书序。我们看《四部丛刊初编》影印的西晋人杜预所撰《春

助教臣鄭祖玄徵事郎守大學助教臣隨德素徵事郎守四門博士

臣趙君贊承務郎守大學助教臣周玄達承務郎守四門助教臣李

玄植儒林郎守四門助教臣王眞儒等上桌

宸旨傍摭菁華釋左氏之膏肓剪古文之煩亂探曲臺之奧趣

山之玄言囊括百家森羅萬有比之天象與七政而長懸方之地軸

將五嶽而永久筆削已了繕寫如前臣等學謝伏恭業慙張禹難

庸淺懼乘典正謹以上聞伏增戰越謹言永徽四年二月二十四日

太尉揚州都督上柱國趙國公臣无忌等上

周易正義序

夫易者象也爻者效也聖人有以仰觀俯察象天地而育羣品雲行

雨施效四時以生萬物若用之以順則兩儀序而百物和若行之以

逆則六位傾而五行亂故王者動必則天地之道不使一物失其生

行必叶陰陽之宜不使一物受其害故能彌綸宇宙酬酢神明宗社

所以无窮風聲所以不朽非夫道極玄妙孰能與於此乎斯乃乾坤

之大造生靈之所益也若夫龍出於河則八卦宣其象麟傷於澤則

傅增湘珂罗版影印本《周易正义》孔颖达序首页

秋经传集解》，即杜预对《左传》所做的注解，其在卷首撰写的序文，文前虽题有"春秋序"三字作为篇题，却没有记明杜氏的姓名和他的职衔，而且连篇末也没有题写作者的姓名，所以唐人陆德明才特地注明"此杜元凯所作"；同样，《古逸丛书三编》影印的南宋淳熙七年（1180）尤袤池阳郡斋刻本《山海经传》，也就是带有东晋人郭璞注释的《山海经》，其卷端首列序文篇题"山海经序"，继之便是序文的内容，而也没有在篇题下面标记作者的官衔和姓名。杜预《春秋经传集解》和《山海经传》序文这样的形式，一如南宋国子监刻单疏本《周易正义》卷首的序文，二者之间呈现出明显的承续关系。

就在这个南宋刻本《山海经传》的末尾，附刻有尤袤的跋语，文中对其底本的情况有如下一段叙述：

> 始予得京都旧印本三卷，颇疏略。继得《道藏》本，南山、东山经各自为一卷，西山、北山各分为上、下两卷，中山为上、中、下三卷，别以中山东·北为一卷，海外〔西·〕南、海外东·北、海内西·南、海内东·北、大荒东·南、大荒西、大荒北、海内经总为十八卷。虽编简号为均一，而篇目错乱不齐。晚得刘歆所定书，其南、西、北、东及中山号为五藏经，为五篇，其文最多；海内、海外、大荒三经南、西、北、东各一篇，并海内经一篇，亦总十八篇。多者十余简，少者三二简，虽若卷帙不均，而篇次整比最古，遂为定本。予自绍兴辛未至今，三十年所见无虑十数本，参校得失，于是稍

方之地軸將五嶽而永久筆彰已了縑寫如宗臣等學謝伏

業懃張禹雖興康淺懼死正典謹以上聞伏增戰越謹言

無忌等上表

尚書正義序

國子祭酒上護軍曲阜縣開國子臣孔穎達奉

勅撰

夫書者人君辭誥之典右史記言之策古之王者事總萬機發

號出令義非一揆或設教以馭下或展禮以事上或宣威以肅

雲曜或敷和而散風雨得之則百度惟貞失之則千里斯謬樞

機之發榮辱之主源所漸基於出震之君離藻斯舉必

書欲其昭法誠慎言行也其泉源所漸基於出震之君離藻斯舉

彰郁乎如雲之后勳華揖讓而典謨起湯武革命而誓誥興先

君宣父生於周末有德而無位修聖道以顯聖人支葉煩亂

而翰浮辭舉宏綱正撮機要上斷唐虞下終秦魯時經五代書

1972年台北鼎文书局影印日本宫内省图书寮藏宋刻单疏本《尚书正义》孔颖达序首页

无舛讹，可缮写其卷。

由尤袤这段话可以看出，这一刊本的文本是参考众多古本而确定的，故郭璞序文的这种形式，应该是古本《山海经传》固有的面貌。由此推论，单疏本《周易正义》卷首的孔颖达序，也应该是保持着孔颖达本人写定的形式，而宋刻单疏本《尚书正义》卷首孔颖达序文前面题署的作者职衔和姓名，自属后来增入。检视日本宫内省图书寮所存正宗寺旧钞卷子本《春秋正义》，其卷首所书孔颖达序文，正与单疏本《周易正义》一样，只是徒有"春秋正义序"的篇题而径以序文紧继其下，可以进一步证实这一点。

考察存世单疏本《周易正义》和《尚书正义》两书的刊刻时间，也可以佐证这一推论。这两部书虽然都是翻刻北宋监本，但据傅增湘跋文考订，单疏本《周易正义》系刊刻于南宋高宗绍兴年间，而日本学者内藤虎次郎在1929年为单疏本《尚书正义》撰写的跋文，则考证其本乃刊刻于孝宗淳熙年间。可见正是由于后者改易前者仍保持未变的北宋国子监本旧有形式，才在序文的篇题之下增入作者的职衔和姓名。——这一点，可以说是这部《周易正义》对我们了解古书形态演变历史所能起到的一项重要作用。

由此更进一步探究，就连"五经正义序"这个篇题，很有可能也是宋人在刻书时才添入其中的。

在《四部丛刊初编》影印的明天一阁刻本《穆天子传》的

《四部丛刊初编》影印宋刊巾箱本《春秋经传集解》杜预序首页

山海經序

世之覽山海經者也　以其閎誕迂夸多奇怪俶儻之言

莫不疑焉嘗試論之曰莊生有云人之所知莫若其所

不知吾於山海經見之矣夫以宇宙之寥廓群生之紛

紜陰陽之煦蒸萬殊之區分精氣渾淆自相濆薄遊魂

靈怪觸像而構流形於山川麗狀於木石者惡可勝言

乎然則翹其所以垂鼓之於一嚮晉其所以變混之於

一象世之所謂異未知其所以異世之所謂不異未知

其所以不異何者物不自異待我而後異異果在我非

物異也故胡人見布而疑黂越人見罽而駭毳夫翫所

《古逸丛书三编》影印南宋淳熙七年（1180）尤袤池阳郡斋刻本《山海经传》郭璞序首页

卷首，镌有一篇此书初始整理者西晋荀勖撰写的序文。这个刻本上，和单疏本《周易正义》《尚书正义》中的孔颖达序一样，先是镌有篇题"穆天子传序"，又和单疏本《尚书正义》一样，在篇题下镌有作者的职衔和姓名一行："侍中中书监光禄大夫济北侯臣荀勖撰。"然而，荀勖这篇序文却是以一个"序"字开头的，书云：

> 序。古文《穆天子传》者，太康二年汲县民不准盗发古冢所得书也，皆竹简素丝编。

序文中既然本来就有说明其性质的"序"字，前面"穆天子传序"这一篇题以及"侍中中书监光禄大夫济北侯臣荀勖撰"这一题名，自然都是后来衍增。

同样的情况，我们还可以在曹魏何晏的《论语集解》中看到。《四部丛刊初编》影印日本正平刊本《论语集解》，卷首镌何晏序文，有篇题云"论语序"，唯序文乃以"叙曰"二字开篇，可见这一篇题的性质与荀勖的"穆天子传序"相同。

古人惜墨如金，通常不会去写没有意义的废话。像现在很多人喜欢在序文篇末写的"是为序"这几个字，纯属画蛇添足，是赵宋以后才出现的啰唆用法。如今用计算机码字，码字比写字容易，这样的废话当然会越来越多。但我们在阅读古人著述的时候，一定要按照当时的情况来分析理解其文字内容。

何晏撰著《论语集解》，若是题有"论语序"这一篇名，

大唐博士臣孔志约右内率府长史弘文馆直学士臣薛伯珍奉

大学助教臣郑祖玄徵臣郎守大学助教臣随德素徵臣郎守四

门博士臣赵君赞承务郎守大学助教臣周玄达承务郎守四门

教臣李玄植儒林郎守四门助教臣王真儒林等上奏

宸旨旁援群书释龙氏之膏肓蒿古文之奥远索

连山之玄言囊括百家杰罗万有此之天象与七政而长县方之

地轴将五岁而永失笔削已了缮写如前臣等学谢伏羲业慙张、

禹鱼蟠庸凌惧乘典正谨以上阅伏增战越谨言永徵四年二月

二十四日大尉扬州都督上柱国颎国公臣无忌等上

春秋正义序

夫春秋者纪人君动作之务是史所职之昏王者统三才而宅九

有顺西时而诒方物四时序则玉烔调於上三才协则宝命昌族下故可

以事国永年令长无然则有为之务有不恽与国之大变在祀与

戎祀则必尽其敬戎则不如先罪盟舍悯於礼勤烔顺其节失则必

其惠俘则竞其善式春秋之大百为皇王之明蛮金也若夫五始之目章

1933年东方文化学院影印传录正宗寺钞本《春秋正义》孔颖达序首页

45

他写的序文是不可能以"叙曰"开头的。比何晏和荀勖都晚，北魏郦道元著《水经注》，在正文之前的序言，也是首云"叙曰"。尽管这篇序文，仅赖《永乐大典》写本传世，在这一写本上没有见到序文的篇题，《永乐大典》在钞录时对原书是否有所删削今亦难以确知，但结合何晏撰著《论语集解》和荀勖整理《穆天子传》的情况，在郦道元最初写定的文本中不会带有"水经注序"这样的篇题。这一点可以说是确定无疑的。

了解到这样的背景，我们也就很容易理解，宋刻单疏本《周易正义》卷首的孔颖达序文，其在文前不署作者职衔和姓名的形式，应该更接近它本来的面目。如前所述，这也是它的一项重要版本价值，可以帮助我们更好地认识书籍的演变历史。

顺藤摸瓜，再向前追索，似乎还可以从中看到书前单列之序产生的缘由。

我们先看刚才提到的这几部书中年代最早的何晏《论语集解》。何晏写在《论语集解》卷首的那篇序文，其篇末最后一段文字如下：

> 今集诸家之善说，记其姓名，有不安者，颇为改易，名曰"论语集解"。光禄大夫关内侯臣孙邕、光禄大夫臣郑冲、散骑常侍中领军安乡亭侯臣曹羲、侍中臣荀颉、尚书驸马都尉关内侯臣何晏等上。

显而易见，这本来就是一篇进书表，唐人陆德明在《经典释文》中就说"此是何晏上《集解》之序"(《经典释文》卷二《论语音义》),"上"者,即"进上"之谓也。再看何晏这篇文稿的开头,在"叙曰"二字之下便提及"汉中垒校尉刘向言"云云,愈加呈现出其效法西汉刘向旧事的迹象。盖刘向曾为所校勘典籍一一题写序录,并进而上之。《汉书·艺文志》记载刘向等人校勘群书,"每一书已,向辄条其篇目,撮其指意,录而奏之",这些"录而奏之"的文字,性质乃与进书表无异,这可以说是在书籍本文之外另撰序文的萌芽。何晏这篇《论语序》,即直接承袭刘向前规而来。同样,西晋荀勖所撰"穆天子传序",也是他整理写定《穆天子传》后上奏朝廷时附加的说明性文字,故篇末记曰:"谨以二尺黄纸写上,请事平以本简书及所新写,并付秘书缮写,藏之中经,副在三阁。"性质仍和进书表非常接近。

其实在曹魏何晏之前,东汉人赵岐注《孟子》,在卷首列有一篇《孟子题辞》,虽然没用"序"这一名称,实质上也是序文,观赵氏自言"孟子题辞者,所以题号孟子之书本末指义文辞之表也",已经言明与其进书表相同的属性。更早,还有东汉末年佚名者为徐干《中论》撰写序文,乃因其书"不以姓名为目",而徐干已故,"恐历久远,名或不传,故不量其才,喟然感叹,先目其德,以发其姓名,述其雅好不刊之行,属之篇首,以为之序"(见《四部丛刊初编》影明刊本《中论》卷首佚名撰《徐干中论序》),同样是向读者推介该书的作者等情况,性质仍与进书表颇有相通之处。

穆天子傳序

侍中中書監光祿大夫濟北侯臣荀勗撰

序古文穆天子傳者太康二年汲縣民不准盜
發古塚所得書也皆竹簡素絲編以臣勗前所
考定古尺度其簡長二尺四寸以墨書一簡四
十字汲者戰國時魏地也案所得紀年蓋魏惠
成王子令王之塚也於世本蓋襄王也案史記
六國年表自令王二十一年至秦始皇三十四
年燔書之歲八十六年及至太康二年初得此

《四部丛刊初编》影印明天一阁刻本《穆天子传》卷首荀勖序

論語序

敘曰漢中壘校尉劉向言魯論語
二十篇守孔子弟子記諸善言也
太子太傅夏侯勝前將軍蕭望之
丞相韋賢及子玄成等傳之齊論
語二十二篇其二十篇中章句頗

《四部丛刊初编》影印日本正平刊本《论语集解》卷首何晏序

由此可以看出，西汉末年刘向"录而奏之"的群书序录，至少应是后世书外序文的主要源头之一。由这一历史背景出发，再来看孔颖达《周易正义》《尚书正义》和《春秋正义》等《五经正义》的序文，内容和长孙无忌等奏上的《五经正义表》也相差无多，如《周易正义序》篇末述云："至十六年，又奉敕与前修疏人及给事郎守四门博士上骑都尉臣苏德融等对敕使赵弘智覆更详审，为之正义，凡十有四卷。庶望上裨圣道，下益将来，故序其大略，附之卷首尔。"这当然是以臣子对帝君向上进呈的口吻，和进书表并没有什么两样。

唐帝敕命修撰《五经正义》，实际上分为两个大的阶段。第一阶段，在太宗贞观年间，由孔颖达总领其事，在贞观十六年成稿奏进朝廷。今所见孔颖达序文，即此次奏进书稿时所撰。其第二阶段，乃是在高宗时期，是由长孙无忌负责对孔颖达书稿加以刊改，至永徽四年定稿进上（《唐会要》卷七七《论经义》）。宋刊单疏本《周易正义》等书卷首的《五经正义表》，便是这个最终定稿的进书表。知此修撰经过，更易理解孔颖达所撰诸经序文的进书表性质。

过去我在研究所谓《三国志》一书的名称时曾经谈到，刘向以来的进书表，本来是没有篇题的，后人刻书，有时为显醒目，才添入篇题。正由于这一篇题并非原文所固有，才会出现"上《三国志注》表""进《新唐书》表"这样一些与所进呈书籍本名不符的写法（《三国志》本名《国志》，《新唐书》本名《唐书》。余说见《陈寿〈三国志〉本名〈国志〉说》，收入拙

永樂大典卷之一萬一千二百二十七

八賄

水水經一

水經桑欽撰。酈道元註。序曰易稱天以一生水。故氣微於此方而為
物之先也。玄中記曰天下之多者水也。浮天載地。高下無不至。萬物無不

潤。及其氣流屆石。精薄膚寸。不崇朝而澤合靈寓者神。與並矣。是以達
者不能測其淵沖。而盡其鴻深也。昔大禹記著山海。周而不備。地理志

所錄蘭而不周。尚書本記與職方俱略。都賦所述。裁不宣意。水經雖粗
綴津緒。又闕傳通。所謂各言其志。而罕能備其宣導者矣。今尋圖訪賾者極

聆川域之說。涉土遊方者褰能達其津照。縱奇齡搜經。道渝疏。不能不猶
也。余少無尋山之慕。長違問津之性。識絕鄒渟。經書淺涉。訪一知二

之辨。退無觀隅。三反之慧。揚學無聞。古人有言。孤陋捐長辭。書一嗌其
向墙獸室求津。開舟門遠。然毫管闚天。旬時晤眇。飲河酌

海。然性斯年。藉以多散。空傾歲月。輒述水經。布廣前文。大傳曰大川相間。
小川納屬。東歸於海脈。其枝流之吐。納䱒詮其沿路之所纏。詰搜渠緯而

水經注 卷一

一

1955年文学古籍刊行社影印《永乐大典》本《水经注》首页

50

著《祭獭食蹠》）。单疏本《周易正义》卷首"五经正义表"这一篇题，在单疏本《尚书正义》和《春秋正义》中书作"上五经正义表"，也是因其本无篇题而造成的随意标记方式。

　　既然本来就没有篇题，也就不会存在附着于篇题之下的作者职衔和姓名。上文所说《穆天子传》之"穆天子传序"和"侍中中书监光禄大夫济北侯臣荀勖撰"这一题名俱属后人添加，就是一个典型的例证。同样，赵岐注《孟子》时所撰写的"题辞"，既然开篇即特地点明"孟子题辞者，所以题号'孟子'之书本末"云云，现在看到的"孟子题辞"这一篇名以及篇名之下题署的"赵氏"二字，也就应当是后来增入的标识。杜预《春秋经传集解》的序文，除了前面提到的"春秋序"这一篇题之外，唐初人陆德明尚见有"题为'春秋左传序'者"，这也显示出杜氏原本应没有篇题，现在看到的无论哪一个篇题，俱属后人增列，所以才会出现这样的歧异。更为引人注目的是徐干《中论》前面的序文，虽然已被后人增列有"徐干中论序"这一题目，但是在这一题目下面却并没有镌刻序文作者的姓名，而且序文篇末也没有署名——这是因为撰序者本来就没有题写自己的姓名。

　　由此反观孔颖达《五经正义》诸书所谓序文，缘于其进书表属性，愈可知单疏本《周易正义》和《春秋正义》在篇题下不题作者职衔姓名的形式应当更符合它的原始形态，而《尚书正义》序文前"国子监祭酒上护军曲阜县开国子臣孔颖达奉敕撰"这一题名，应是淳熙年间重刻此书时校勘诸臣依照宋人习惯添入的文字。若是更进一步思索，甚至像《周易正义序》《尚书正义序》和《春秋正义序》这样的篇题乃至前面提到的很多汉魏人序文的篇题，是否为后来增添，似乎也是一个可以考虑的问题。

尽管只是一时的感觉，并没有经过认真的探究，但在这里仍不妨把前文所说刘向进书表是后世书外序文的一个主要源头这一话题再稍加引申，以供关心这一问题的人参考，同时也为我自己以后深入研究相关问题留下一份备忘录。

从刘向的校书奏语，到孔颖达给《五经正义》诸经写下的所谓序文，其共同的内在实质，是给已有的典籍做校勘或是注疏工作，完工后对所做加工的情况加以说明，或是阐述注疏的旨趣。因而我们很容易理解，原书篇章结构既已定型，这些添加的内容不宜插入其中，便只能附着于书籍的正文之外。前面提到的《春秋经传集解》杜预序、《山海经传》郭璞序和《水经注》郦道元序也都是这样（《永乐大典》本《水经注》虽然是把郦道元的序文与内文连写，但《大典》本《水经注》已经去除了所据宋刻本的卷次，传世各种刻本都脱佚这篇序文，就因为它是被单独列在卷首，很容易在流传过程中失落），赵岐以"题辞"的名义给所注《孟子》撰写的序文和佚名撰《徐干〈中论〉序》同样如此。又如晋人范宁为所著《春秋穀梁传集解》撰写的序文，在《四部丛刊初编》影印的宋刻本中，也是以"春秋穀梁传序"的篇题列在卷首，这和前面谈到的何晏《论语集解》所谓序文的篇题被写作"论语序"一样，都是缘

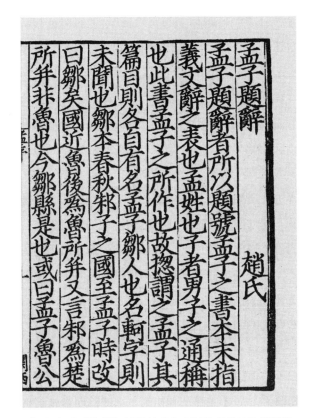

《四部丛刊初编》影印宋蜀刻大字本《孟子》卷首赵岐 "题辞"

于其书相对于《春秋》经传或《论语》的附从性质。至于东汉何休《春秋公羊经传解诂》卷首的自序，《四部丛刊初编》影印的南宋建安余仁仲万卷堂刻本等，仅以"汉司空掾任城樊何休序"提起序文，更显示出这种序文最初本无篇题，不过是添附于所"解诂"之书的卷端而已。

另外，在文集方面，《文选》中收录有一篇南朝人任昉书写的《王文宪文集序》，是编辑王俭文集之后写下的王俭生平和文集纂集经过（见《文选》卷四六），而这样的序文，也可以在陈寿进上所纂《诸葛亮集》的表文中看到非常相似的写法（《三国志》卷三五《蜀书·诸葛亮传》）。这同样显示出由书籍附属的进书表向独立序文过渡的趋向。前述诸书是为已有典籍做注疏，而陈寿和任昉则是编选他人业已写成的文章，在给别人的著述做工作这一点上，性质也是相通的。不是自己的著述，当然只能把序文独立于正文之外。

除了这类序文，完全独立撰著的书籍，也很早就有了独立于正文之外的序文。不过仔细推究，至少其中一部分和进书表也有密切联系。如《四部丛刊初编》影印的明嘉靖黄姬水刻本《汉纪》，首题"前汉纪序"，继之署云"汉秘书监侍中荀悦"，俨然这就是荀悦自己题写的篇名和署名，但这篇所谓序文开篇即谓"凡《汉纪》十二世，十一帝，通王莽二百四十二年"云云，"前汉纪"就显然不是这部书的本名。盖黄姬水乃同时合刻荀悦《汉纪》与东晋袁宏的《后汉纪》，故题名如此，以相对应。至于其本来面目，看此序文径称献帝为"上"，仍带有直接以下对上的口吻。盖此书篇末虽有一小段状如进书表的文字，且以"侍中悦上"煞尾，但对此书撰述缘起和经过，并没有具体叙说，所以才不得不在全书修成之后，再另写这样一段文字，以事说明。此文虽不名进书表，内容却与之非常接近，不仅不妨碍前面对书外序文源头的推测，而且还可以进一步佐证余说。

在我很模糊的印象里，古人独立撰著的著述，直接面向读者写下序文，且单独列置在书籍正文的前面，大致是从东晋时期开始出现的；至少是从这一时期开始，才逐渐走向普及。如东晋袁宏的《后汉纪》，自己就另写有独立的序文。需要注意的是，袁宏《后汉纪》和刚才提到的荀悦《汉纪》一样，都是编年体史书，要想把序文的内容直接写入书籍内文，也实在不太妥当。另外一部有名的著作是阳衒之所谓《洛阳伽蓝记》，也有独立于正文之外的自序。不过这书"奇葩"的地方太多，自己给自己的书写序虽然不能说有多怪异，但自己给自己的书作注，就不那么常见了。我在这里谈论古人的书序问题，本来是由孔颖达《五经正义》诸书的序文原来是否带有篇题牵扯出来的话题，若是回到本来的问题上看，目前存世最早的明嘉靖如隐堂刊本阳衒之记洛阳寺院书，其序文所标"洛阳伽蓝记序"这一篇题，实非阳氏书原始的形态，这一点乃是确定无疑的。不过此事也是说来话长，早就拟议写一篇文章来说明相关的事项，自己也觉得很好玩儿，可惜一直腾不出手来付诸实施。

在大学教书，最大的坏处，就是会积劳成疾，造成话痨之症，一说就打不住。好了，还是回到有关宋刻单疏本《周易正义》的书衣之学上来。

本文一开头，我就谈到，在这个刻本的卷首列有唐高宗永徽四年长孙无忌等奏上《五经正义》的表文。同样的进书表，还见于宋刻单疏本《尚书正义》和传录正宗寺旧钞卷子本《春秋正义》的卷首。清人卢文弨还依据传钞本把它刻入了《群书拾补》。这几处表文的文字，估计不会有严重的出入，我也没闲心相互比照核校。

不过有一个字，非常扎眼，引起我很大兴趣。这就是长孙无忌名字中"无"字的写法。这个字《周易正义》的序文写作"无"，与《新唐书》的写法相合，《尚书正义》的序文写作"無"，与《旧唐书》的写法相同。不一样的写法，同样的意思，怎么写对，只有一个判断标准——这就是名从主人，他自己用哪个字，就以哪个字为正。

前人谈论两《唐书》优劣正误有很多论述，可我没有见到有人具体辨析过两书间这一差异。

相对而言，《新唐书》把长孙氏的名字由"無忌"改书作"无忌"，理应做过考据。又检《四部丛刊初编》影印宋刻本《通鉴》，或作"无"，或作"無"，并无定则，不过作"无"者明显大大多于作"無"者，显示其镂作"無"字很可能是雕版印刷过程中产生的讹误，司马温公原定的文字，与《新唐书》一样，也是"无"。

这反映出纂修《新唐书》的欧阳脩、宋祁以及撰著《资治通鉴》的司马光等人，对长孙氏的名字，做过一番考究，从而才确定采用"无"这一写法。盖当时去唐未远，还可以看到包括长孙氏在内很多唐人的手迹，能够找到比较确切的依据。故宋人吴缜著《新唐书纠谬》，虽特列《官爵姓名谬误》一章，却并没有指认"长孙无忌"名字的写法有误（吴缜《新唐书纠谬》卷六。案今本《新唐书纠谬》书长孙氏姓名作"無忌"，与《旧唐书》同，但这应该是出于后人改书）。

在此基础上，再来看长孙氏奏进《五经正义》的表文既由长孙氏领衔呈上，其文字自然是由其亲自审定，甚至有可能是由他亲自起草书写，本人名字必定是他自己认定的写法。这样的表文，随《五经正义》而颁行流传。逮北宋国子监刊刻包括《周易正义》在内的《五经正义》，卷首所镌进书表文，依据的自然就是这样的文本。故单疏本《周易正义》卷首进书表中"无忌"这一署名，应该是我们认识长孙氏名字的一项重要证据，不宜轻忽看过，更不可依据《尚书正义》卷首的表文来把"无忌"改作"無忌"。如前列书影所见，正宗寺钞本也是书作"无忌"，尤可证明《尚书正义》的"無忌"应是淳熙重刻时妄改，这与此本改增孔颖达序题名是一样的道理。另一本书，终究还是另一回事儿。

2018 年 7 月 4 日记

《学人书影初集》自序

选编在这里的这些书影，取自我个人所存清代刻本中的经部书籍。

编这本书，主要出于如下两个方面的考虑。其一，是由于社会上颇有一些人，特别是喜欢收藏旧书的朋友，误以为我是"藏书家"，所以很长一段时间以来，对我书房里的书籍，充满好奇，想要一看究竟。其二，也是更重要的原因，是收存这些旧刻本古籍，与我的读书和研究生活密不可分，选编这些书影，把它公布出来，可以和同道学人交流文史研究的一些基本观念和做法。

当代从事文史研究的学者，对这一行道的认识，往往会有很大的差别。这是人文研究中十分正常的现象，也是人文科学研究与自然科学、社会科学研究的重大差别。这种差别，用言人人殊来形容，当然过分夸张，但若是换个说法，谓一类人有一类人的看法，应该是恰如其分的。

就我个人而言，因为是从理科转入文科，这种学科出身，便决定了自己在学习和从事中国古代历史问题研究时的一项基本追求——重视基础知识的学习和掌握。很多基础知识不懂，所以不能不努力多学习一些；另一方面，理科学习所接受的数理基础，又使自己坚信，学术研究必须脚踏一个坚实可靠的阶梯，由低处向高处攀爬。

从事文史研究的学人，若是真心做学问，真心做研究，就需要努力掌握，至少是多少了解一些不可或缺的基础知识。针对中国古代史领域的状况，北京大学历史系已故教授邓广铭先生曾提出"四把钥匙"说，即四种引导你走上研究之路的先行知识，包括年代学、职官制度、历史地理学与版本目录学。学者们要以这些方面的一些基本知识为基础，才能做好中国古代史的研究。其实这也应该是文史研究领域内绝大多数学者的必由之路。之所以这样讲，是因为我们通常所说的"文史研究"，指的就是中国古代之文史，实际上是包括震旦之国古代文史哲所有问题的研究在内的，而这些历史学以外的研究，究其实质，不过是历史研究中一些比较特别的门类而已，也都同样需要上述知识作基础，只不过其中有些领域，需要的基础知识还会更多一些（比如文字、音韵、训诂），需要进一步拓展研究者的知识领域，而不会比中国古代史的从业者所需的基础知识更少。

邓广铭先生讲的这"四把钥匙"，我没有见过他本人的文字表述。别人转述，都说我刚才提到的"四把钥匙"中的版本目录学，邓先生本人讲的是"目录学"，似乎并未容纳"版本"

在内。不过按照我的理解，这样的认识，显然是不够准确的。所谓"目录学"，用更具有现代性的话语来讲，就是史料学。这是迈入文史研究殿堂时必须跨过的一道门槛。但目录学知识，很大程度上也可以说是关于如何合理使用古籍的知识，其中是一定要包含古籍版本学知识在内的。譬如清末人张之洞编著的《书目答问》，在我们今天看来，可以说是一部中国古籍目录学的入门指南性著述。张氏在这部书中每列举一部典籍，都会注出他为读者精心选择的版本，这就是目录、版本二位一体而密不可分的典型例证。

从中国学术发展的历程来看，研究历史问题，讲求版本，这是伴随着清代乾嘉考据学的兴盛而出现的一种现象。众所周知，乾嘉考据学在学术性质上的一项重要特征就是所谓纯学术，是为学术而学术。这样的研究，要求研究者力求客观，尽可能地在客观研究的基础上揭示历史的真实面貌，也就是所谓"实事求是"。实事求是的研究，强调无征不信，而对版本目录的考究，就是求其征而有信的一项重要环节。从事文史研究而讲求目录，同时也讲究版本，就是这样发生的，也是这样发展的。到今天，真正的学术研究，愈加深入，愈加细致，对包括版本学知识在内的目录学知识，也就应该更加重视。

所以，对于我来说，古籍版本首先是一门重要的学术基础知识。

要想做好学术研究，特别是文史研究，除了直接应用的知识和技能之外，还应有文化的熏陶。历史已经过去，但文化还在流传。作为一名中国古代历史的研究者，最好能够浸润其间，在自己的个人生活中，更多直接领略一些古代文化知识。这样会潜移默化地增强我们对历史的直接感觉。

说起这样的感觉，有些人可能会觉得很玄虚，其实真的很重要。清人焦袁熹在谈论读书问学的境界时曾经谈道："气象最不可强，须是涵养到，则气象自别。"（语出焦氏《枝叶录》）对于每一位做人做事都有追求的学人来说，探索学术问题的历程，也是一个学者气象养成的过程。养成一种更加醇厚广博的气象，才能更好地体会和理解过往的历史，才能更加切实地把握过去那些人们在历史上的活动及其影响。

这既是一种熏陶，也可以说是一种陶冶。涵养这样的气象，需要学习很多文化知识，甚至最好还要包括一些技能，古籍版本学知识就是其中的一项重要构成。我们看那些做出重大贡献的学术前辈，如钱大昕、王国维等先生，无不贯穿百家诸艺而能精识版本奥义。看到这些学术前辈的著述，才会真正弄明白山高海深，所谓学术造诣云者，迥非今世白日间梦寐攫发飞升者可得而言之。

而在另一方面，这些年来，真心喜爱学术，想对文史研究有所贡献的年轻朋友，也是越来越多。尽管在总体数量上，还是微不足道，但其实在什么时代，真正喜欢读书，真正喜欢琢磨古人旧事的人，都是屈指可数的。所谓"读书种子"，从来都不是很多。这就是文史研究，它就是这样一门学术。我总说"学术是寂寞的"，寂寞就寂寞在它永远只是很少一小部分书呆子的事情，是想热闹也热闹不起来的。具体落实到古籍版本知识上来，情况更是如此。

尽管这样，在文史研究队伍总体规模大幅度扩张的社会大背景下，若是不考虑其在从业人员之中的比例，仅仅考察其绝对数值，关注古籍版本，甚至对古籍版本充满兴趣的青年学人，确实是越来越多。人们在学习古籍版本知识的过程中，希望能有机会多做一些具体的了解，相互之间，多加交流。

如前所述，现在我编印这本小书，首先就是想和这些同道学人，交流我在这方面的一些经历和体会，供大家参考；同时也可以满足一下藏书爱好者的好奇心，让这些朋友看看，我究竟有些什么货色。

前面，我从一种理想期望的角度，谈了文史研究对一些基础知识的要求，但实际上在现代社会中，我们每一个具体的人，都难以做得周详完备，只能根据自己的条件和机缘，不断学习，逐渐充实提高。只要明白学术是一个由低到高的渐进过程，只要对学术心存虔敬，不妄自好高骛远，每一位学人，都可以从一点一滴做起。水滴石穿，便是自然的结果。学习古籍版本知识也是这样，有机会，有条件，就积极学一点儿；条件若是不允许，就先放一放。不要着急，实际上也急不得。只要喜欢学，慢慢就能学会。

相对而言，版本学知识是我在前面谈到的文史研究各项基本知识当中最单纯，也最简单易学的。上世纪50年代以来，学术界普遍轻视这方面知识的传授和掌握，这首先是缘于政治对学术的妨害，其次是由于客观条件的限制。学者们直接接触古书的机会越来越少，这样就很难揣摩历代版刻的实际情况。

现在的电子传播形式和大批量的古籍影印出版，给学者们学习古籍版本知识提供了极大便利。这也是近年来很多年轻的文史专业学生和学者较多关注古籍版本知识并积极学习相关知识的一个重要客观原因。仅仅观看图片，虽然不能了解古籍版本的全部信息，但却能够认知其主要内容，特别是和学术研究密切相关的主要版刻要素。

不过在另一方面，不加具体说明的电子图片或是影印古籍，实际上又很难让初学者直接、准确地认知相关版本学知识。除了一般的版本学通论书籍之外，人们还是需要借助版本图录性质的书籍，才能接近、熟悉乃至进一步深入认识和研究具体的版本学内容。

在已有的综合性版本图录类著述中，宋元版书方面，有赵万里先生的《中国版刻图录》；其次是明代刻本，有潘承弼、顾廷龙二先生的《明代版本图录初编》；清代的版刻，则有业师黄永年先生和贾二强学长合著的《清代版本图录》。这三种书，已经构成了一个基本的古代版刻图录的体系。至于其他商业性的或个人藏品的图录，各有特色，对人们学习古籍版刻知识，也都会有所帮助。

黄永年先生对中国版刻史研究的一个重大贡献，是独立构建起明清刻本的版刻体系，而《清代版本图录》则是他完成这一创建的重要辅助工作。对我们具体认识清代版刻的体系和各种代表性刻本的版本特征，这部书成就卓越，贡献巨大，可以说是中国古籍版本学史上的一座里程碑。

《清代版本图录》体现了清代版刻的总体面貌，但由于清代版刻的丰富性，在此基础上还有很多具体的细节有待认识和揭示；更重要的是，从清代学术与版本知识的关系角度看，从事各个领域研究的学者，还需要了解更多具体典籍的版刻情况。因此，也就有必要另行编著一些清代版本的图录。

倏忽之间，花费很大精力寻觅和购买古籍刻本，竟是二十多年以前的旧事了。十多年来，我已经很少再买。上世纪 90 年代转调到北京工作以后，我才尝试着购买一些古刻旧本，前后持续了十几年时间。这在很多同辈爱好者中，起步是很晚的。起步晚，买到好书的机缘就会少一些。同时，主要由于经济条件的限制，我买到的古籍，刻印年代都比较晚，绝大多数是清代乃至清代以后的本子。所以，选编自己藏书的书影，我也只能从清代刻本做起。

从版刻特点来看，清代的刻本可以说是在主流版刻的特征高度接近或普遍相似的前提下，具体的版刻形式又变化多端，姿彩纷呈，有待更加细致的研究；即使是主流的方体字字体，看似相同而实际上却是同中有异，其间的差别，其中的规律，都还没有人归纳总结。总之，需要一点一点展开的研究，还有很多很多。

我想，多编印一些清代版本的图录，会有助于清代版本的研究逐步走向深入，并揭示出版刻特征变化背后的历史文化脉动。为了使读者更好地通过这本书影来认识清代的版刻，在书影的具体安排上，我的做法有些与众不同，这就是尽量印出所选书籍的内封面和牌记。这些在许多学问家看来似乎无关紧要的附件，对古书版本却是关系重大，所以我想尽量在这本图录上将其呈现给读者。

过去出版的私藏清刻本版本图录，最有名的是黄裳先生的《清代版刻一隅》。这本书的出版，对清代刻本的收藏，起到了很大的促动作用。除了对版刻形式之美的追求之外，在内容上，黄裳先生大致主要侧重两个方面：一个是明末清初人物的著述，一个是清人诗文集。作为个人藏书，收藏的重点基于藏书家自己的兴趣，这当然无可非议，而且只有具备了出自真心的情趣，才能获取并藏储有价值的好书。

余生也晚，开始购买古籍时书价已昂，市面上能够买得起的古刻旧本，已经相当有限，实在没有条件选购特定的专题。于是，只好人弃我取，买到一本是一本。这样买到的书籍，便杂七杂八，经史子集，什么都有，又什么都不精不专。好在当时学者已经很少有人买书，这样我可以从学术研究的角度，捡取一些藏书家们不太在意的东西。好处是对书籍的选择具有一定的学术深度。当然，这样做的缺点，也是显而易见的，就是不管哪一类书、不管从哪个角度看，都不成系统。这很遗憾，也很无奈。

这次先尝试选编一些清代刊刻的经部书籍，并没有什么特别的考虑。凡事总得有个开头，经部既然列在四部之首，图方便，就从头上开始。假如读者们对这样的书影还有一些兴趣的话，以后在时间方便的时候，还可以继续选印寒斋中史部、子部和集部书籍的清代刻本。

这些清人刊刻的经部书籍，虽然也有一小部分前代的著述，但大部分都是清人的著作。清人的经学研究与前代有很大不同，也取得了辉煌的成就。现在不知为什么，对经学的研究好像是很昌盛，但真正具有学术意义的研究，无论如何，也不能忽略清儒的各项成果。就目前的总体状况而言，人们对清代经学成就的了解和认识，显然是很不全面，也不够深入细致的。在这当中，就包括对清人经学著述的版本关注不够。我希望这部书影集的出版，在这方面能够发挥一定作用，能够帮助人们更好地重视和认识相关的版本问题。

最后，我想和喜欢藏书的朋友简单谈一点关于古籍收藏的想法，这大致也可以算是响应一下本文开头所讲的社会上那些古旧书爱好者对我书架上书籍的好奇心。

看了上面讲的这些话，大家也就能够明白，我只是一介书生，为更好地从事文史研究而在力所能及的情况下曾经买过一些古刻旧本。因而从经济的眼光看，这些书并没有多大收藏的价值。

不过收藏这种事，是很难一概而论的。绝大多数真心喜欢古旧书的朋友，其实更在意的还是书籍本身，而不是附加在它上面的经济效益，关注的重点首先并不是这些书到底能卖多少钱。爱书，喜欢书，欣赏书，享受书籍带给我们的欢乐，这

尚書地理今釋

經筵講官太子太傅文華殿大學士兼理戶部尚書事臣蔣廷錫撰

虞書

堯典

嵎夷　今朝鮮地　按孔安國傳東表之地稱嵎夷正

義曰青州在東界外之畔爲表故云東表之地禹貢

錐指援據後漢書以嵎夷爲朝鮮地蓋朝鮮古屬青

州與山東登州府隔海相對正合孔傳東表之語薛

季宣書古文訓謂嵎夷嵎海嵎諸夷今登州于欽齊乘

超然閣

清嘉庆二十二年（1817）环秀堂原刻初印本《尚书地理今释》

都是只可以与知者道而不可以与不知者言的事，是我们自己懂的事。

藏书的乐趣有很多，很丰富，也很复杂，我上面讲的那些一本正经的大道理，其实也是收藏乐趣中的一个重要方面。不过对于绝大多数古旧书爱好者来说，其印制形式的精美性，或者说是艺术性，无疑是一个普遍关注的热点。对于中国古代的刻本来说，这种艺术性首先体现在字体版式等版刻的精良程度上。

选印在这里的这些书影，虽然也有一些非常精美的版刻，譬如道光十九年祁寯藻依景宋钞本仿刻的《说文解字系传》，但更多的还是清代最为通行的方体字刻本。窃以为如何从艺术欣赏的角度来领略这些版刻内涵的韵味，也是对收藏者情趣的一种考验。这也许你现在就懂，也许还需要一段时间，需要更多的涵养。

2018 年 8 月 31 日晚记

谈谈怎样看书影

九州出版社帮助我出版的小书《学人书影初集》，上市已经两个多月。一些读者在翻阅此书后，对内容感到有些困惑，或者说是出于预想之外；还有一些读者，对书的内容乃至其出版价值，提出一些批评。

一本书和其他东西一样，有人喜欢有人厌恶，这是很正常的事儿。对读者的批评，我都愿意从中吸取有价值的意见，以便改善日后的工作，本来不需要做任何解释。不过，在我看到的批评意见中，我认为，这些意见主要是由于质疑者不懂"书影"是一种什么性质的书籍而产生的。我推想，其他那些没有对拙著提出批评意见的读者，其中很多人也有类似的问题。

鉴于这种情况，我想在这里和大家谈谈"书影"是一种什么样的书以及我们应该怎样看书影，以便大家更好地理解我编著这本《学人书影初集》的宗旨和意义。

简单地说，所谓书影，是通过选印一部书中的少数页面，以体现其版式、字体等外在形态。把这些单种的书影按照某一主题编录在一起，就是"书影"类著述了。这种书影类著述，现在通常又称作"图录"。在中国，这类著述是由杨守敬在《辛丑条约》签订那一年（1901）刊行的《留真谱》首开其例的。按照现代的学术观点，这当然主要是版本学范畴之内的事情，用顾廷龙先生的说法，其旨意乃"言版本而注重于实验也"（潘承弼、顾廷龙合著《明代版本图录初编》卷首顾廷龙序）。用我不太准确的大白话来讲，顾廷龙先生的意思是说看不到东西就说不清事儿，不能直接看到古书，就只好间接看书影。

杨守敬的《留真谱》主要选录宋元古刻本和旧写古钞的早期典籍，接下来缪荃孙编印的史上第二部书影，就干脆直接以《宋元书影》为书名，更清楚地体现出早期书影类著述的一大特点——著录的对象，基本上都是世上稀见的古刻旧本，尤以宋刻元刻为主。

至1941年潘承弼、顾廷龙合编的《明代版本图录初编》出版问世，始使得这一类著述的编纂出版进入一个全新的阶段——脱离惟古是崇、惟古是求的状态，进入全面、系统地著录各个时代、各个地区印制的书籍的时代，这也可以说是书影类书籍脱去古董家习气而整体呈现出强烈的学术研究气息的时代。我们看顾廷龙先生所撰《明代版本图录初编》的序文，可以清楚看到，他是把版刻图录视作目录学的三大构成部分之一而与流略、校雠之学并列的，而科学地编印各个时期的版刻图录，便可使历代公私之作"有系统可寻，条理可睹"。这当然不是古董家、鉴赏家的路数。

后来系统反映中国古代版刻状况的划时代性书影类著作，是 1961 年出版的赵万里著《中国版刻图录》。较诸以往，这部书虽然堪称"系统""全面"，但明清部分，特别是清代部分，分量和深度却都有明显不足。明代部分，先出的《明代版本图录初编》虽然可以对其有所补充，但清代部分的缺憾，却无从弥补。

这种局面，直到业师黄永年先生和贾二强学长在 1997 年出版《清代版本图录》一书，才发生根本改变，中国古代版刻发展的整体脉络，始被大体勾勒出来。其实当年顾廷龙在编著《明代版本图录初编》时，最初的想法，本来是"欲以清代刻本为始"的（潘承弼、顾廷龙合著《明代版本图录初编》卷首顾廷龙序），没想到五十多年以后才实现他的初衷。这种情况，也显示出版本学研究的复杂性和巨大难度。

我在这里讲这些情况，是想让完全不了解书影为何物的人们，得便时去查阅一下这些书籍，知道这类著述的一般形式，明白它的基本用途。这样或许就比较容易理解我的这本《学人书影初集》了——书影类著述，就这么个样子。

有的读者说这本书不是他所认为的"图录"，我不知道这种人心目中的"图录"或者说"书影"是什么样子。至少我这本《学人书影初集》的编录形式，同《中国版刻图录》《明代版本图录初编》以及《清代版本图录》是完全一致的。我想，这些读者看不明白《学人书影初集》是怎么回事儿，恐怕是因为确实对这类著述缺乏起码的了解。

譬如，就文字说明形式而言，在杨守敬初创《留真谱》的时候，可以说是根本没有任何说明的，只是书影的图片而已（连图片也不是完整的一页，还省略掉很多字，没有按照原样刻）。后来像瞿启甲编著《铁琴铜剑楼书影》、刘承干编著《嘉业堂善本书影》、故宫博物院图书馆编著《故宫善本书影》、王文进编著《文禄堂书影》等，著录作者、书名、卷次、版刻时代和版本特征等项要素渐详，但仍然随意性较强，这些书或繁或简，而且还缺乏一些重要的版本要素（如版框长宽尺度），仍然不够规范。比较规范的著录形式，应是肇始于潘承弼、顾廷龙两人合著的《明代版本图录初编》，而至赵万里《中国版刻图录》方臻于完善。

我这本《学人书影初集》的文字说明，在"凡例"中已经清楚交代，是"略仿先师黄永年先生与贾二强学长编著《清代版本图录》的体例"，读者只要认真阅读这样的说明并多少了解一点儿上述书影类著述的体例，是不会有什么疑惑的。

关于这一点，有的读者说我的"解题"不"专业"而且"无聊"，我想这也是因为完全不懂版本学这门专业是什么才会产生的很不专业的想法。须知版本学知识并不是一门很普遍的知识，有些人从来没有机会了解一点点皮毛，因而弄不明白什么样的文字说明才是合乎规范的版本学解说，这是很正常的，当然也是不足为怪的。不过若是真心想学，其实并不是很难，如同我在《学人书影初集》自序里已经谈到的，版本学知识在文史研究的诸多基础知识当中，是最单纯，也是最简单易学的。当然比起在互联网上肆意放言，毕竟还是需要多花费一些心力的。

武帝紀第一　　　魏書　　國志一

太祖武皇帝沛國譙人也姓曹諱操字孟德漢相

國　曹興高爵　常　丞其是興門愛常進

相其為世漢　中　字亡還由季黃中觀好南

杨守敬《留真谱》

離騷圖一卷

明蕭雲從繪並注

清順治二年原刻本

蕭氏為清初享盛名之大畫家，此其所作人物畫，刻工為蕪湖湯復。

框高一八三毫米，寬一一二毫米。白口。

二

业师黄永年先生与贾二强学长合著《清代版本图录》文字说明

除了这种对书籍总体编纂形式的理解之外，我注意到还有某些读者对敝人选录的具体书籍颇不以为然，主要是说我选录的书籍档次很低，上不了台面。关于这一点，我想也有必要适当做一下说明，这主要是想告诉真心关注古籍版刻的读者应该怎样看待古书的价值。

谈到古籍版本，大家都知道，它往往和古籍收藏具有密切联系。因此，我想先引述一段清人洪亮吉评骘藏书家等第的著名论述：

> 藏书家有数等。得一书必推求本原，是正缺失，是谓考订家，如钱少詹大昕、戴吉士震诸人是也。次则辨其板片，注其错讹，是谓校雠家，如卢学士文弨、翁阁学方纲诸人是也。次则搜采异本，上则补石室金匮之遗亡，下可备通人博士之浏览，是谓收藏家，如鄞县范氏之天一阁、钱唐吴氏之瓶花斋、昆山徐氏之传是楼诸家是也。次则第求精本，独嗜宋刻，作者之旨意纵未尽窥，而刻书之年月最所深悉，是谓赏鉴家，如吴门黄主事丕烈、邬镇鲍处士廷博诸人是也。又次则于旧家中落者贱售其所藏，富室嗜书者，要求其善价，眼别真赝，心知古今，闽本蜀本，一不得欺，宋椠元椠，见而即识，是谓掠贩家，如吴门之钱景开、陶五柳、湖州之施汉英诸书估是也。（洪亮吉《北江诗话》卷三）

等第排列的次序，自然是拾级而下，愈下愈卑微。严格地说，

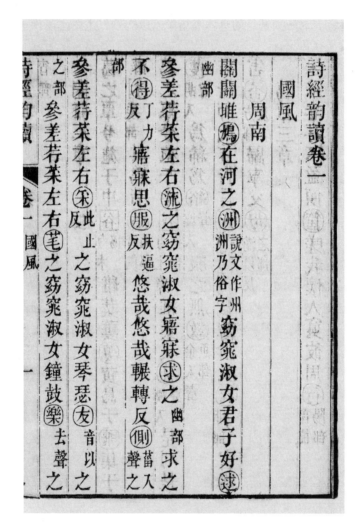

嘉道间原刻本《江氏音学十书》

洪亮吉对这几等人高下尊卑的评骘，我并不认同，大千世界，人各有所好，没必要抑此扬彼，但其中有一部分类别的划分，是可以挪移过来比附人们看待古籍价值眼光的不同的。

譬如，在评判古籍的价值时，洪亮吉所说以黄丕烈为代表的赏鉴家，还有以钱景开、陶五柳等为代表的掠贩家，他们同以钱大昕为代表的考订家，或是以卢文弨为代表的校雠家，认识是会有很大差别的。一些在赏鉴家或掠贩家眼中上不了台面因而也就换不到钞票的书籍，在考订家和校雠家的眼里，也许会有很特别的价值。我在自序里已经清楚告诉读者，选印在《学人书影初集》中的这些书，从经济的眼光看，"并没有多大收藏的价值"，它只是给读书的学人提供的版本信息。当然，这些话的含义是什么，也只有读书人才能懂。

如果对这些书的版本价值稍微自夸一下的话，我可以说，其中大部分书都是很能上得了学术台面的。从第一种书顾栋高的《尚书质疑》数起，这个版本就很少见；到最后一种书江有诰的《音学十书》，同样也是旧时治学者难得一见的佳品。这里边的奥妙有很多，需要逐渐提高自己的文献学素养才能理解。有时间的话，以后我会选择一些书籍具体加以介绍。对古籍版本感兴趣的读者，买一本放在案头，可以随时看、慢慢学。我想，只要你是一个读书人，而不是满天下划拉"资源"的掠食者，是不会后悔的。

2019 年 6 月 10 日记

谈谈我的清刻本经部书

这本《学人书影初集》，如书名所示，编录的是一些书影，也就是某些书籍中个别页面的影像图片；更具体地说，是编录了一部分我个人蓄存的清代刻本经部书籍的书影。

为什么出这样的书，以及为什么要像现在大家所看到的这个样子来编选这本书，这是大家都很关心的事儿，而关于这一点，我在这本书的自序里其实都已经做了说明：一是告诉大家我这个人的所谓"藏书"到底是个什么样子，二是借此具体地体现我对文史研究的一些基本观念和做法。简而言之，学人买书，学人"藏书"，都与学术研究密切相关，都与学人的需要和兴趣紧密联系在一起，感兴趣的朋友，可以自己去看，在这里我就不再重复了。

记得一两年前，一位学术界的朋友到我家闲聊，当他看到我还存有一批经部书籍时，感到有些愕然，似乎颇感困惑。显而易见，这是超出他的想象的。

我理解朋友的疑惑，因为我正儿八经的专业，只是历史地

拙作《学人书影初集》

理学。对于很多人来说，这是个很偏很狭的小学科，我虽旁涉稍泛，但在很多人眼里，都不过是玩玩票而已，当不得真的，我自己也确实完全不懂经学为何物，那还买这么多经部的古籍干什么呢？

这事儿说来话长，最初的渊源，还要从我读硕士时谈起。读硕士，读博士，我正式的导师，都是史念海先生，但黄永年先生一直是被史念海先生正式请来协助他做指导工作的，所以也可以称作"副导师"。所以，即使是在法定的制度上，黄永年先生也是我的老师；更何况黄先生明确说过，他是认我为正式入室弟子的，当然我也就名正言顺地尊奉黄永年先生为我的授业恩师。

　　黄永年先生对我读书治学的影响是相当大的，也是多方面的，其中很重要的一点，便是要博览群书，让自己的学术研究，有一个广阔的视野和广博宽厚的基础。从事古代文史研究，专精与广博实际上是很难两全的。黄永年先生的做法是，主观上尽量在两方面都做出积极的努力，但在确实无法兼顾的情况下，宁可失之于粗疏也不甘于孤陋寡闻。在这一点上，我完全认同先生的看法，并且很愿意效法先生的做法。

　　读书做学问，这事儿也是一个人有一个人的做法。按照我的习惯说法，乃是各尊所闻、各行其是。师说既然如此，我从读硕士时起，买书便是经史子集什么都要，什么都看看。稍有条件和能力买一点古刻旧本时，也是这样。这就是我购藏这些经部古籍的基本缘由。对于我来说，书，就是这么个买法，并不需要什么特别的考虑。

　　尽管如此，具体谈到选哪部书、买哪部书的时候，还是有一个书籍选择和版本选择的问题，而且这还是一个非常重要的问题。这与我的经济条件有关，也与学术旨趣和读书的兴味相联系。

　　宋元版书最好，但可望而不可即。明版，好的同样买不起，烂的又看不上。剩下的，便只有清代刻本。这是版刻时代的选择，缘由只是如此；或者说是别无选择，自己能够买下的刻本，实际仅此而已。

　　在只能买得起版刻年代最晚的清代刻本的情况下，我主要考虑选择哪些书籍呢？

　　既然是买清代刻本，那么一般来说，清人著述，自为首选。为什么？初刻，原刻，文字内容更保真，作为藏品更具有原始性，也就更有特别的意义，当然也更好玩儿一些。要是隋唐宋元乃至先秦两汉的著述，通常在清代之前都有刻本流传，甚至先后会有很多刻本，清人所刻，不过是翻版重梓而已。新版出自旧版，买这种书，相对来说，就既不好用，又太平常，当然也不大好玩儿了。

　　基于这一原因，这本《学人书影初集》里选录的清代刻本经部书籍，大部分都是清朝人著述的原刻本，当然还颇有一些初印本，其中有一部分书甚至是很少见的。像蒋廷锡《尚书地理今释》的嘉庆原刻本、黄模《夏小正分笺》的嘉庆原刻本、许桂林《春秋穀梁传时月日书法释例》的道光原刻本、崔述《经传禘祀通考》的嘉庆二年（1797）映薇堂原刻本、葛其仁《小尔雅疏证》的道光十九年（1839）歙县学署原刻本、张行孚《说文发疑》的初印七卷全本等等，相对流传都比较稀少。

　　谈到清人的经学著述，不能不述及著名的《皇清经解》。《皇清经解》正、续两编，汇聚清儒治经解经的成果，固然为一代集大成之作，但收入这两大汇编中的著述，其先有单行本行世者，《经解》对原本每有割裂删减，或依据翻印劣本，较诸原书旧本，颇多变易，故研究者治学，还是应该尽量先援用单刻原本。

　　清儒治经，固然盛极一时，但大家千万不要以为既属天下显学，每有一书出世，就会风行各地，人手一编。实际情况，

小爾雅疏證卷一

嘉定葛其仁學

廣詁一

許愼說文解字曰詁訓故言也詁故通漢書
藝文志書有大小夏侯解故詩有魯故齊后
氏故齊孫氏故韓故毛詩故訓傳亦與古通詩丞
民古訓是式鄭箋云古訓先王之遺典也案爾雅
有釋詁篇此云廣者廣爾雅所未備凡爾雅所載
此篇不複見其有重出者疑爲後人所竄入矣

淵懿窴賾深也

淵者詩燕燕其心塞淵毛傳淵深也爾雅釋天太歲在
亥曰大淵獻孫炎曰淵深也大獻萬物於深懿者詩七
月女執懿筐毛傳懿筐深也楚辭薜逢尤懿風后今受
瑞圖王逸注懿深也窴者說文窴深遠也禮記玉藻前

清道光十九年（1839）歙县学署原刻本葛其仁《小尔雅疏证》

望矣

經解單行本之不易得

藏書大非易事往往有近時人所刻書或僻在遠方書坊

無從購買或其板爲子孫保守罕見印行吾嘗欲遍購前

續兩經解中之單行書遠如新安江永之經學各種近如

遵義鄭珍所著遺書求之二十餘年至今尚有缺者鄭書板在貴州光緒間一託同年友杜翹生太史本崇主考貴州託之其便求之不得後常熟龐劬庵中丞書由湘移撫貴州託之其訪求之亦不可得兩君儒雅好文又深知吾有書辥者而求之之難如此然則藏書誠累心事矣他人動修言宋元欺人之語也

可知藏書一道縱財力雄富非一蹴可以成

功往者覓張惠言儀禮圖王鳴盛周禮田賦說金榜禮箋

等書久而始獲之其難遇如此每笑藏書家尊尙宋元卑

民国六年（1917）刻本《书林清话》

并不是这样。由于清儒所为多属枯燥艰涩的考证之学，理解读懂，是很不容易的，要花费很大的力气，因而就整个社会而言，关注者毕竟还是相当有限，以致书籍印行，往往并不十分广泛。加之屡经变乱之后，有些书籍留存于世间者已经相当鲜少，今日若是想在书肆中求得一册，已是难乎其难。

其实不仅是在当下，清末藏书读书的达人叶德辉先生，在购求清人经学著述单行本的时候，就已经遇到很大困难。叶德辉先生在所著《书林清话》中记述当日情形说：

> 藏书大非易事。往往有近时人所刻书，或僻在远方，书坊无从购买；或其板为子孙保守，罕见印行。吾尝欲遍购前、续两《经解》中之单行书，远如新安江永之经学各种，近如遵义郑珍所著遗书，求之二十余年，至今尚有缺者〔郑书板在贵州，光绪间一托同年友杜翘生太史本崇主考贵州之便求之，不得。后常熟庞劬庵中丞鸿书，由湘移抚贵州，托其访求，亦不可得。两君儒雅好文，又深知吾有书癖者，而求之之难如此。然则藏书诚累心事矣，他人动侈言宋元刻本，吾不为欺人之语也〕。可知藏书一道，纵财力雄富，非一骤可以成功。往者觅张惠言《仪礼图》、王鸣盛《周礼田赋说》、金榜《礼笺》等书，久而始获之。其难遇如此，每笑藏书家尊尚宋元，卑视明刻。殊不知百年以内之善本，亦寥落如景星。丽宋千元，断非人人所敢居矣。（《书林清话》卷九"经解单行本之不易得"条）

由于正、续两编《皇清经解》已涵盖绝大多数清人经学著述，故叶氏所述"欲遍购前、续两《经解》中之单行书"的志向，在很大程度上，也可以说是我购置清人经部书籍的基本指向，选编在这里的清人经学著述，大多属于这类性质的版本。叶德辉先生举述的"张惠言《仪礼图》、王鸣盛《周礼田赋说》、金榜《礼笺》"，都是众人瞩目的上乘精品，这些书我虽然无力收储，但幸运的是，他提到的"新安江永之经学各种"，这部《学人书影初集》里即载有其刊刻精善且流传稀少的咸丰元年（1851）陆建瀛木樨香馆刻本《江氏韵书三种》；"遵义郑珍所著遗书"，亦载有咸丰二年原刻本《巢经巢经说》。这也算差强人意了。

不过时至今日，旧刻古本，日渐稀少，我个人的经济能力和精力又实在有限，真正的藏书家人所必备的有钱、有闲两大条件，都差之甚远，故实际买书，不可能再持叶德辉先生当年的宏愿，一见到清人经学著述的单刻原本就统统收入书囊，而是一要随遇而安，二也不能碰上啥算啥，还得挑挑拣拣。

常逛书店的人都明白，寻书觅书、挑书买书的过程，就是知书、识书、读书的历程。每买下一本书，就同时了解了八本书、九本书、十本书，乃至几十本书、上百本书。大家都知道，在中国古代文史的研究中，具备广博的文献学基础，不管对哪一具体学科的研究，都是至关重要的。而所谓文献学基础，首先就是要尽可能多知书、多识书，连有什么书都不知道，遑论其他。

为什么喜欢逛书店买书的人这方面的基础普遍都要更好一些。首先是因为在书店里翻看的书比在图书馆里阅读的书更多、浏览速度更快；至少中国的书肆与图书馆相比，情况就是这样。其次是在很多书中买下一本书，这是一种选择；或者更准确地说，是一种抉择。现在市井文化中流行一种说法，叫"选择困难症"，或曰"选择恐惧症"。抛开无病呻吟的矫揉造作和病态的心理不谈，面对选择真正的困难或者恐惧，是选择者的无知，脑中空洞无物，看什么都一样，当然是无法做出抉择的。

要想在很有限的条件下选到好书，买下好书，就需要对相关学术和文化的背景有所了解。了解得越多，认识得越清楚，心里就会越有数，当然就能发现知识水平不如你的人所不能知晓的好书。前一阵子，听社科院哲学所的高山杉先生说，他在无人理会的旧刻本佛教著述中找到不少好书。这就是因为他懂佛教，懂佛学，而同样的书，就是放在我眼前，我也会视而不见。这怪不得别的，只能怪自己无知，无知必然无能。在佛学方面，我是一窍不通，结果只能如此。

为努力博览群书而去买书，而要想买到合适的书籍又首先要求自己具有一定的阅读准备，通过阅读先具备选书买书的基础。这看似跋前疐后，不知先迈哪条腿好，可事实上好多事儿都是这么一回事儿。读书和买书，实际上常常互为因果，在相互裹挟着往前行进。究竟谁先谁后，就像先有鸡还是先有蛋，得看你是在什么时候，也就是哪一个时点上看。

买清人经学著作，最好能够预先或者是在找书、买书的过程中查知相关著述的基本情况。在这方面，可利用的引导性书籍，并不是很多。当然首先是张之洞的《书目答问》，但这本书举述的书籍太少，相关学术源流更无从了解。

很多年以前，那还是上世纪 90 年代刚调到北京工作不久的时候，我在旧书店买到一本晚近学人朱师辙先生撰著的《清代艺文略》。这书虽然名为"清代艺文"，但实际印出的只有经部书籍这一部分内容，也不知全书最后有没有写成。我认为，这部仅有经部的《清代艺文略》，是现在我们了解清人经学著述以及学习清代经学知识最好的导读书籍，也是最好的入门书籍。

这部书印行于 1935 年，由华西协和大学哈佛燕京学社出版，华西协和大学中国文学系发行，铅印线装，样子不是十分气派。可惜的是，这部书流通不广，鲜有人知。幸运的是，我买到的这册书，还是作者朱师辙先生自存的本子，上面有他对手民误植文字舛错的更改；更重要的是，他还对原文添入很多增订的内容，大致相当于一部修订的稿本，也可以说是朱师辙先生最终改定的唯一定本。我的学生周雯博士最近着手整理此书，希望将来能有机会提供给大家，作为了解清人经学著作和学习、利用清人经学研究成果的重要参考。

除了参考《书目答问》和《清代艺文略》这些书籍之外，业师黄永年先生的指教，是我购买古刻旧本时的一项重要指

清代藝文略

總叙

朱師轍述

清代學術。卓越宋元明。著述之富。考訂之精。校勘之勤。胥足述焉。四部之中。以經學爲最。蓋清儒多由小學通訓故爲根柢。益以考證名物。發明精義。其於派別源流。釐然不亂。遂成專科。才知之士。瘁力於此。史部雖有宏著。然較治經則不逮遠甚。又皆以條攷雜記爲夥。而能總挈綱要。筆削纂述。成一家之言。而爲史之正宗者蓋寡。子部率多考校注釋秦漢諸子。其雜考經文。糾正史事。彙編而成者亦衆。至於發揮學說。自極宗風。獨立成家。者則尠。集部以文鳴者。實不乏其人。取則漢魏六朝唐宋。駢散各體。胥有專家。派別相承。率能繼軌。又以經義子史考訂之文成集者頗多。詩亦稱盛。詞尤超佚前朝，追縱宋代。曲仿元人。亦足與明並駕。有清一代學術。綜而計之。以經學爲極盛。以史部爲最衰。有清經籍廣博。學術浩穰。好學之士。苦難研求。斯編采取清史藝文志四部

一一華西協合大學

朱师辙手批《清代艺文略》

南。在清代经部书籍方面，黄先生的指教，对我的帮助尤为重要。

恩师读过的书实在是多，对四部古籍都很熟悉，也精通古籍版本，不管是哪一类书籍和相关的版本，我都随时可以得到他的指点。我在这里特别强调黄永年先生在清代经部书籍方面给我的指教和帮助，是因为在四部古籍当中，我对经部尤为生疏，从而也就愈加需要借助老师的引导和助力。地道的经书，我是一经也看不明白，因而也就更谈不上读懂清儒的经学研究了，只能是就自己所知所能，在一些个别、孤立的知识点上，对清人的经学研究成果做一些技术性的借鉴和利用，至今还是停留在这种状态上。

黄永年先生的《古籍版本学》和《清代版本图录》（合著）里面就有很多与清代经学和经部著述相关的内容。当面请教时，我可以就这些书里谈到的清人经部著述请他做一些更详细的阐释，从中能够获取很多外围的知识，而且还可以"顺藤摸瓜"，再三请益，由一部书、一方面的知识进一步拓展到其他相关的书籍和相关的知识上，真的是"举一反三"，收获满满。

业师黄永年先生谙熟清代学术，而经学研究是整个清代学术的核心，清代的学术也以经学最为兴盛，就像朱师辙在《清代艺文略》中所讲的，"有清一代学术，综而计之，以经学为极盛"（《清代艺文略》之《总叙》），因而黄永年先生对清儒经部著述和经学研究无不了然于胸，谈起来如数家珍。我觉得黄永年先生身后最大的遗憾，就是没有为学术界留下一部清代学术史。这是只有他才能写得出的味道深醇厚重的学术史，别人是谁也写不出的。明白这一点，大家就很容易理解，黄永年先生的指教对我能够买下一些清刻原本彼朝学者的经学著述，会给予多么重要的帮助。

看我在这里强调读合适的入门书，请教懂行的老师，大家自然明白，我买这些经学书籍，同我购买所有书籍一样，首先看重的是书的内容。因为单纯看古书的外在形式，这太简单了，并不需要花费这么大的力气。

书印出来就是供人读的，这是一部书最本质的价值。不论古书，还是现在刚刚出版的书籍，都是这样。这也是古刻旧本与其他许多古代文物很不相同的一个重要特点。我购买古刻旧本，在意原刻初印，都是因为与那些晚出后印的版本相比，这些版本的文字内容是具有独特价值的，而且这样的价值基本上都是无以替代的。

这一点，看似简单，但至少在当前的中国，很多购买古书作为藏品的"收藏家"或古籍收藏"爱好者"，似乎明显关注不够。作为一种爱好，一种癖好，一个人有一个人的收藏方法，既不可能，也绝不应该而且绝没必要强求一致。但同一类藏品的内在性质，是具有共同性的，因而我想在这里强调指出这一点，以供藏书爱好者参考。

所谓古书之美，本质上和人的美丑是相同的，最重要的是其内在的素质而不是外表。大众偶像中的俊男靓女，只是一个远远看上去似乎很美的印象，好看，可实际上并不一定都耐看。心里放得进去，眼睛里看了还想再看的美，就是近密接触也能经久不衰，肯定不会徒有其表。书和人，道理是一模一样的。这话讲得好像有点儿玄，有些朋友可能一时难以理解，大家慢慢体会吧。我相信买书、看书的时间越久，认同我的人会越多。不过并不是说我就不看外表、不重视形式了，书的内容好，刻得美、印得妙，二美相并，岂不更佳。

就我本人过去所购买的古刻旧本而言，主要是由于经济能力的制约，实际能够买下的书籍非常有限，在这种情况下，只能先择取内容更加重要的书籍，而不是优先考虑那些版刻形式更为精美的书籍。另一方面，爱美之心，人皆有之，那些雕版和印制都很精良的书籍，自然求之者众，价格一向被推得很高，大多都是我努着劲儿也够不着的。这样的实际情况，决定了在我收存的这些经部书籍当中，众所艳羡的精刻美本，并不是很多。

尽管如此，由于我在年轻的时候，日复一日地徜徉于古书肆中，年深日久，还是有机缘买到一些版刻精良的美本。即以这本《学人书影初集》所收录的清刻本经部书籍而论，如道光六年（1826）蒋廷瓒眉寿堂原刻本顾栋高著《尚书质疑》，软体精刻殊佳，且白纸初刷，印工精良，世间流传稀少。又如咸丰三年汪氏家塾恩晖堂原刻本汪献玗著《禹贡锥指节要》，系所谓仿宋精刊，字体刚劲俊朗，在同一时期同类刻本亦堪称上驷，且书刷印亦早，殊为美观。再如咸丰十年（1860）原刻本郭柏荫著《变雅断章衍义》，写刻字体精雅，有其独特的韵味。还有嘉庆十一年（1806）张敦仁仿刻宋淳熙四年（1177）抚州公使库本《礼记》郑玄注，是由当时金陵最著名的刻工刘文奎操刀镌梓，自是一时名品，且刷印无多，学人求之不易。道光间原刻本吴云蒸著《说文引经异字》，亦写刻甚精，且印本少见。特别是道光十九年（1839）祁寯藻依景宋钞本仿刻的《说文解字系传》，精刻初印，可谓至善至美，又是最基本的文字学典籍，因而备受世人推重。像这样的书籍，都是人见人爱，谁看到都会喜欢的。

这样的书，好确实是好，但你要是只知道喜欢这些书，只希求收藏这些书，不顾一切地去逞摸这些书，那我就要说句不大恭敬的话：这好像多少有点儿傻。

除了清朝本朝人的著述之外，在这本《学人书影初集》里面，也收有一小部分前代撰著的经部书籍。这些书籍，往往也都有自身的版本特色或是学术价值。

在这方面，刚才提到的清嘉庆十一年张敦仁仿刻宋淳熙四年抚州公使库本郑玄注《礼记》，是很有代表性的。这个版本的文字内容，是由清代第一校勘高手顾广圻勘定，正文之末附有《考异》两卷，在作者项中，虽然题署的是张敦仁的姓名，但实际上完全出自顾广圻之手，学术价值极高。同时，由于操刀雕版的刻工为金陵名手刘文奎（实际上他也是当时南北各地技艺超人的一等名家），故其版刻亦属清中期仿宋刻本中的上乘名品，而刷印无多，当时就世不多见，现在更是难得一遇了。

木初生也象丨出形有枝莖也古文或以爲艸字讀
若徹凡屮之屬皆從屮尹彤說臣鍇曰屮從丨引而
上行音進屮始脫莩甲未有歧根今班固漢書多用此爲
艸字齊有輔國錄事參軍王中字簡棲作武昌頭陁寺碑

屮

三部　文四百六十五　重三十二

繫傳二

說文解字通釋卷第二

文林郎守祕書省校書郎臣徐鍇傳釋

朝散大夫行祕書省校書郎臣朱翺反切

清道光十九年（1839）祁寯藻依景宋鈔仿刻本《说文解字系传》

96

当年我买下这部书，还有一点故事，可以在这里和大家讲一讲。

卖这书的书店，是北京琉璃厂西街的"古籍书店"，就是李一氓先生题写店名的那一家（葛优出演的《大撒把》，有些场景就是在这家店里拍摄的），可见这是琉璃厂里比较重要的一家经营古刻旧本的书店。古书是摆在店铺的楼上卖，不熟悉的读者，望而生怯，往往根本不敢上楼；即使壮着胆子上去了，对于生手，卖书的老师傅也总是爱答不理地冷眼旁观。不过我去得多了，老师傅有时也会帮忙提供一些参考意见。那一天，我总共挑出三种书，定价差不多，都是二百三十元上下（在当时，大致相当于我一个月的工资）。

一部是初印的《白下琐言》。清末刻巾箱小本，其引人注目的特色，是字迹为绿色。明代后期以来，书版雕刻始竣，最初试印的本子，或用朱墨（朱印本），或用蓝墨（蓝印本），虽说都印行无多，不过赠予友人，聊博一粲而已，但这样的把戏已经被普遍玩耍，以致从总体上来看，朱印本和蓝印本都并不稀见，像这样绿墨初试的样本，才堪称罕见难求。

另一部是清初人陈廷敬的文集《午亭文编》。这是著名的"写刻本"，由书法名家林佶手书上版。在讲清代版本时，这书几乎是人所必提的代表性刻本，与同人所书汪琬《尧峰文抄》、王士祯《渔洋山人精华录》和《古夫于亭稿》并称"林佶四写"，一向为古书收藏家看重。我看到的这部书，虽然印刷时间稍晚，但版面仍然清清爽爽，没有漫漶不清的地方。

　　我把这三部书放在一起，比来比去，一时拿不定主意。喜欢是都喜欢，可口袋里的钱只能买下一部书。快下班了，老师傅看得不耐烦，向我示意该买《午亭文编》：那书刻得更好，更有名，想要的人也更多，因而若不赶紧买下，很快就会被别人拿走了。

　　可最终我还是选择了这部郑注《礼记》。须知当时不像今天，所谓"经学"，竟然如此昌盛，那时根本听不到有什么人会提及这两个字。我反复权衡之后留下这部书，只是看重它是一部早期基本典籍，做历史研究离不开它。其实不仅早期的经学著述是历史研究的重要资料，清代的经学研究，涵盖范围甚广，涉及古代文史的各个方面，甚至可以说是无所不包的，因而研究很多历史问题，也都离不开清儒的经学著述。至于很多人大力倡导并积极投身其中的经学研究，到现在，我还是弄不明白是怎么一回事儿，也看不明白这种经学研究究竟能够前行多远。

　　过了很多年以后，我和喜欢古书的朋友谈及选购这部郑注《礼记》的过程，还一直有人为我错失绿印本《白下琐言》或是林佶写刻本《午亭文编》而惋惜不已，可是业师黄永年先生对我这一抉择却大加赞赏，以为这才像一个学者的样子。

　　在这本《学人书影初集》里开列的第一种书的书影，是清初学者顾栋高的《尚书质疑》。在这本书中，有一句话述及学者读经应取的态度，乃谓之曰："学者读经，须具史识方可。"（《尚书质疑》卷上"编年起于《尚书》论"）顾栋高这句话，

禮記卷第一　鄭氏注

曲禮上第一　禮記

曲禮曰毋不敬（禮主於敬）儼若思（儼矜莊貌人之坐思貌必儼然）安民哉（此上三句可以安民說曲禮者美之云耳）敖不（安定）

辭審言語也易曰言語者君子之樞機

可長欲不可從志不可滿樂不可極（四者慢遊之道）

以自禍所 絭紨 賢者狎而敬之（狎習也近也謂附而近之習其所行也月令曰雖有貴戚近習）

畏而愛之（心服曰畏愛諓人之善惡）

知其善（謂凡與人交不可以已）安安而能遷（謂已今安此之安圖後有害則當能遷晉舅犯）積而能散（謂已有蓄積見貧窮）

愛而知其惡憎而

與姜氏醉而行近之 臨財毋苟得（爲傷廉也）臨難毋苟免（爲傷）救之若宋樂氏 者則當能散以賙 耳而

清嘉庆十一年（1806）张敦仁仿刻宋淳熙四年抚州公使库本郑玄注《礼记》

对我影响很大。它影响着我在阅读经书的时候，始终注意从当时的历史背景出发来理解书中的文句，关注经书中的很多内容，都是有为而发，当时都有特定的指向。这样才能更好地理解经书，利用经书。

《学人书影初集》里与这部郑注《礼记》同样性质的书籍，还有道光四年（1824）扬州汪氏问礼堂仿宋刻本《春秋公羊解诂》、清康熙刻《通志堂经解》初刷捺印本宋刘敞著《公是先生七经小传》、乾隆五年（1740）马氏丛书楼刻本唐张参著《五经文字》和唐唐玄度著《九经字样》，以及乾隆四十四年（1779）汪启淑据汲古阁影宋钞重刻本宋夏竦著《古文四声韵》等。这些书，不管是在学术史上的地位，还是史料价值，或者是版刻艺术价值，都一向为人所重，不宜轻忽视之。

选编到这部《学人书影初集》里的清刻本古籍，还有一小部分，带有前人的批校，世上别无第二本。如杨钟羲批注段玉裁《毛诗故训传定本小笺》（残本）、吴玉搢批注顾炎武《左传杜解补正》和《九经误字》、佚名批注姚培谦《春秋左传杜注》、沈兼士批注毕沅《释名疏证补》、卢文弨校本《说文解字系传》（残本）、佚名批注郑珍《汗简笺正》等。这些批校的文字，也是很多学者和古籍收藏爱好者特别关心的内容。

总的来看，选编在这部《学人书影初集》中的清刻本经部书籍，作为一种收藏品来说，虽然其绝大多数都谈不上有什么特别高昂的文物价值和收藏价值，但大多与清代的学术和我们今天的学术研究密切相关，并且其中有很多书籍在今天已经不

卢文弨校乾隆四十七年（1782）汪启淑刻本《说文解字系传》

四禮撮要序

京庚寅居憂鋟刻喪禮撮要廠後考訂家禮酌宜一書閱十年

始成近日邑中遭喪之家輒來借讀且有索撮要者不知舊刻

未確久已刓毀而酌宜手抄僅一二本日不暇給今復將四禮

稍撮其要裒資付刻以備簡便一覽然禮有根本有大端如冠

之教昏之儉喪祭之哀誠其李也有喪之不冠不昏昏之不可

用巫人優人喪之不可作鼓樂器設而不作不可作佛事七大

夫家廟但當祭始祖　朱子曰祭始祖似禰祭先祖似祖〇

家龕但當祭四世　洪武三十一年詔許天下臣民得祀始祖〇嘉靖十五年詔許天下臣民得祀始祖　下祭為曾祖考四代　懼墓但當祀土神于

約清初刻本甘京《四礼撮要》

大容易读到原书了。我希望这部书影的出版，能够对大家了解这些书籍并进而认识这些书籍，特别是这些书籍的学术内涵有所帮助。

我另外还收有一些流传不多的清刻本经部书籍。例如，时下许多学者很重视的礼学著述，我曾觅得一部清初所刻当时人甘京撰著的《四礼撮要》，该书传世极为稀少，其内容对明清时期仕宦乡绅乃至普通庶民之家所谓"家礼"的研究有重要价值，而乾隆年间官修《四库全书》时并未予以著录，早已近乎无人知晓。又如现在颇受一些学人关注的石经研究，我过去买到的清省吾堂刻本万斯同著《石经考》、清嘉庆稻香楼刻本林象著《石经考辨证》，都流传不多；另外像顾炎武的《石经考》，是唐石经研究的开山之作，学术史价值重大，而我获有其康熙原刻初印本，现在也可以说是可遇而不可求的佳品了。不过由于篇幅所限，这些书没有能收到这本《学人书影初集》里。如果各位读者喜欢我这部书的内容和编录的方法，将来或许还有机会出版增订本，届时可以再多列入一些书籍。

当年我开始痴痴迷迷地买书收书的时候，还很年轻，还属于官家认定的"青年学者"；由于经济条件所限，能够买下的古籍，其版刻年代也太晚太近太新。可一转眼，几十年时间就这么过去了，不知不觉地，我就这么老了；另一方面，由于古书日稀，各位年轻的朋友在今天来看我当年买下的这些"太晚太近太新"的"古书"，好像也真的变得很"古"了。

若是很不恰当地借用唐人孙过庭在《书谱》里讲过的一句

石經考

鄞縣　萬斯同季埜　撰

常熟　蔣光彌少逸校刊
　　　錢朝錦秋槎泰校

漢

後漢書靈帝本紀

熹平四年春三月詔五儒正五經文字刻石立於太學門外

蔡邕傳

蔡邕字伯喈陳留圉人靈帝時召拜郎中校書東觀遷

一

清省吾堂刻本万斯同《石经考》

石經考辨証

東吳顧亭林先生原攷　　　龍溪林豪庚南辨証

序

困學紀聞石經有七漢熹平則蔡邕魏正始則邯鄲淳晉裴頒

唐開成中唐元度 元度元字音賢 敬避下皆倣此 後蜀孫逢吉等本朝嘉祐中

楊南仲等中興高廟御書

按正始石經非淳書辯在魏石經條後開成石經乃鄭覃高

重非唐元度也唐元度乃奉詔覆定九經字體著九經字樣

清嘉庆稻香楼刻本林豪《石经考辨证》

105

话来形容大家眼前这种状况，或可谓之曰"人书俱老"。时光，伴随着读书的生活而流逝。在这样乍暖还寒的春天里，令人唏嘘感慨的事更多，只是说也说不清楚。

2019 年 4 月 13 日下午讲说于北京中国书店中关村店

没人让讲的获奖感言

两年前三联书店帮助我出版的《中国印刷史研究》这本小书，在昨晚，获得了"第三届全球华人国学成果奖"。除了沉重易碎的玻璃奖杯，还给了一个很小也很雅致的本子，算是获奖证书。

对于我这个平凡得不能再平凡的小人物来说，这是继2013年因参加"第二届全球华人运动会"而荣获了一份纪念证书之后，又一项"全球性"的荣誉。颁奖前，主办方问我，愿不愿意接受这个大奖，弄得我心里七上八下的。

这是因为我对自己的华人血统，一直感到十分可疑（孰知领奖时我站的位置，偏偏正赶在舞台背景墙上的"华人"二字之下）。我有狐臭，虽说不算很重，但出汗时身上散发的味道确实不大好闻。小时候，我对此很是困惑。顾名思义，"狐臭"就是狐狸才有的臭味，然而狐狸聪明而且狡猾，不只随意戏弄其他动物，还敢跟活人逗着玩儿，可我既愚且笨，总被别人耍，就连至亲的老爸，给我起的外号，都叫"辛老笨"，真

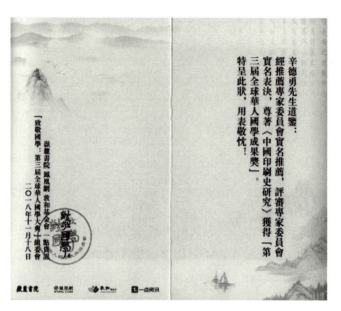

"第三届全球华人国学成果奖"获奖证书

"第二届全球华人运动会"参赛纪念证书

是徒沾了一身狐狸的臭味。直到读研究生时，听黄永年先生讲"狐臭与胡臭"的故事，我才明白身上这怪味其实也还是人的味道，只不过不是高贵的皇汉，而是"非其族类"的胡人。当时已经"改革开放"，接触到远道而来的西洋贵宾，他们身上那股浓重的香水味儿，让人感到新鲜，同时也获取一项重要信息：西洋人是因为"胡臭"太重，才不得不出此下策，以香压臭。这一认识，非常重要，它告诉我们，至少在这一点上，西洋人的血液和基因，是远不能同黄土地上的华人相比的。这么臭，更与高雅尊贵什么的沾不上边儿。这一事实，足以警醒那些崇洋媚外的洋奴，别再一天到晚胡说什么美国的月亮比中国圆。

既然如此，我是不是有资格领取这份奖项呢？想实话实说，告诉主办者我好像算不上华人，顶多是个杂种。可转念一想，觉得这么讲很不合适，这显然会让主办单位为难。因为杂种往哪边儿算都是一件很复杂，也很怪异的事情。你看奥巴马，分明一半白，一半黑，可人家偏偏只说他是"黑人总统"。区分华人和胡人的原则怎么定，一时半会儿，主办者是说不清的。

人生在世，瞎话不能说，但像自己到底是个什么东西这种实话，也不是非说不可，姑且穿上一身人的衣裳，挺起腰身走出去再说。要是从另一角度考虑，我也不该这么较真儿。

因为我要衷心感谢推荐这部书获奖的那些学者和文化界人士，感谢这些人对我这项研究工作的承认与肯定。我对获得这个奖项，感到十分高兴，十分荣幸，也很愿意接受这个奖项。

不过对这个奖项的称谓，也就是所谓"国学"，却很不认同。

作为一个困守书斋的学人，我认为，世界上绝大多数学术，都是按照学科划分的，我所从事的中国古代历史研究也不例外，它是历史学的一个组成部分。也就是说，研究中国的历史，和研究北美的历史，西欧的历史，日本列岛与朝鲜半岛、中南半岛的历史，还有底格里斯河与幼发拉底河两河之间那块地方以及撒哈拉大沙漠周边地区的历史，性质一样，都是人类社会的历史，并没有什么特殊的地方。这就是学术研究，学术研究就是这么个性质，就是这么个样子。

至于和"国学"一语好像颇有关联的那个"国史"，其在中国历史上固有的含义，指的是某一王朝自家的历史。譬如赵家人的秦朝，或是赵家人的宋朝，它与两姓旁人了不相干。刘家人、李家人，或是朱家人什么的，想往上蹭都蹭不上，其他百家杂姓芸芸小民更是根本沾不上边儿的。所谓"国史"这个词儿，跟我所研究的中国古代历史，更没有半毛钱关系。

这就是真实的历史。不了解这一点，胡乱解释胡乱用，就是货真价实的"历史虚无主义"。

使我获颁奖项的这本小书，涉及的是中国古代印刷史上几个很重要的基本问题，包括中国古代雕版印刷术发明的时间、缘由及其早期发展，中国古代活字印刷术在较大范围内开始付诸实用时期的基本技术特征等问题。对这些问题感兴趣的人们，可自行观看。其中存在的讹误，也希望得到批评指正。

另外，关于我撰著这本小书所秉持的一些文化观念、学术理念和具体研究方法等问题，在本书出版后，我曾撰写《关于中国印刷史研究的一些想法》《像小孩子一样思考》和《写在〈中国印刷史研究〉出版的时候》三篇文稿（都收在了《书外话》这一文集之中），做了比较充分的说明。

在这里，我想在一个更大的文化背景下，简单谈谈我这些研究内容可能涉及的社会意义。不过我对相关"大背景"实在没有什么研究，甚至连"了解"都很不够，只是道听途说，一知半解，真是所谓"胡言乱语"。我随便写在这里，好奇围观的朋友随便看看就是了。

雕版印刷术的发明，是人类文化史上具有划时代意义的重大事件。它影响着中国的文化乃至整个社会的基本面貌随之发生了重大变迁。在这本小书中，在论证中国古代雕版印刷术的产生时间这一问题时，与当前绝大多数中外学者相比，我所推定的时间，都要晚许多——我认为雕版印刷术的发明和应用，不会早于唐玄宗开元年间。假如拙说不谬，以此为基础，能够比较合理地解释中国文化史上的一些重大变化。

按照我的看法，雕版印刷术产生于佛教密宗信仰，是汉地信众在无力写录梵文陀罗尼经咒的情况下，不得不援用印度传来的佛像捺印技术而发展出来的一种文本复印形式。佛教信仰者在开元年间发明这一技术之后，首先当然是在佛教经卷制作领域应用，同时也很快扩展到道教和社会基层日用文化以及蒙学等基础教育领域。然而，对于这项产生于外来宗教信仰的新技术形式，上层传统的儒家精英文化对它的接受，是需要一个过程的。这个过程，不会太快，但也不应该太晚，太晚就不符合历史发展的正常逻辑，即在当时的社会条件下，雕版印刷技术由其初生到向上层文化领域的传播扩散，不应经历太久时间。

过去，我的老师黄永年先生，一直推断中国古代雕版印刷技术的产生年代大致应在唐开元年间，遵循的就是这样的逻辑。同时，现在世界上大多数学者，特别是中国的学者，普遍把这一时间定得很早，从女皇武则天时代，溯及唐高宗、唐太宗，一直上推至杨隋刘汉，就违逆了这一逻辑，或者说相关研究者根本就没有这样的逻辑思考。

在由社会基层文化层面向上层精英文化层次扩散的过程中，科举用书的刊印，是一个重要的标志性事件。

这一重大事件的出现时间，大致可以由白居易和徐寅相关作品在社会上的流传情形中看出。唐德宗贞元年间以后，赋在科举考试中的作用，日显重要。白居易唐德宗贞元十六年（800）进士中第后，所作《性习相近远赋》为人竞相传播，却还是要靠手抄笔写。由贞元十六年上溯至雕版印刷术可能产生的最早年代开元元年（713），雕版印刷术在佛教领域和社会基层层面，大致行用了八十年，却一直是在社会上特定的范围内应用，并非常缓慢地向外有所扩展。

到了唐末至五代初年，昭宗乾宁元年（894）进士徐寅，在其考中进士一段时间之后，所写的赋，便出现了被人雕版印刷用于贩卖的情况。其性质与后世书坊刊刻名家制艺范本牟利，是完全相同的。这一情况，显示出书籍的雕版印刷技术在向社会上层文化领域扩散的时候，率先应用于科举考试的范畴；或者更准确地说，基于强大的功利性需求而雕印这种科举用书，是雕版印刷技术进入儒家上层文化领域的过渡环节。正是基于这一过渡的环节，才会很快在后唐出现依据《开成石经》雕印"十二经"（《孟子》当时尚未上升成为经书）以及《五经文字》和《九经字样》的情况，标志着雕版印刷术的应用，已经进入儒家经典的核心。

这是一个历史性的变化，雕版印制经书的广泛流通，对印刷术向各个领域的普遍推广，起到了十分重要的促动作用。须知当时是由于后唐朝廷"日不暇给，无能别有刊立"，亦即顾不上像汉唐时期那样雕刻石经来给天下士子提供标准经书模板，才改而以木版印本取代石经刻本和墨拓石本（《册府元龟》卷六〇八）。知晓这一原委，就更容易理解五代刊印群经对印刷术推广应用所发挥的巨大示范作用。

在这一影响下，我们看到结束五代时期的分裂与混乱进入北宋，社会稳定下来以后，很快就全面展开了一系列较大规模的雕版印刷活动，使中国书籍的制作形式，在总体上发生了根本改变。例如，宋太宗时纂修的《太平广记》，全书达五百多卷，成书进上后却当即诏命雕版印行。所谓小说者流，尚且如此，正经正史，更是不能落后。诸如孔颖达《五经正义》、《史记》和前、后《汉书》等基本典籍，也都在太宗时期，由国子监主持刊版印行。接下来，在真宗时期，像篇幅多达一千卷之巨的《册府元龟》也被刊版印行，同样的千卷大书《文苑英华》，真宗皇帝也诏命"摹印颁行"（《宋会要辑稿》之《崇儒》四《勘书》）。仅此一端，就可以充分体现北宋初年至真宗时期，其刊书范围之广与规模之大，这对知识的传播和普及，无疑会起到超迈往古的巨大推进作用。

印刷技术的普及，使更多的知识以更快、更便捷的形式向社会各地广泛传播，经过一段时间的酝酿，结果，在北宋仁宗至神宗时期，社会文化风貌出现了巨大的变革。我理解，内藤湖南先生所谓唐宋变革，对于读书人来说，最容易直接捕捉的要素，就是这种文化风貌的迁改，而印刷技术应用的广泛普及，使众多平民子弟得以比较容易地接触各种文化知识，显然是促使这一变化得以发生的一项重要前提条件。北宋时期以"二程"为代表的宋学，就是在这一背景下产生的；南宋时期朱熹的理学，特别是其"格物致知"的学术路径，更非有雕版印刷术所提供的知识条件不可。

这就是雕版印刷技术对中国古代社会发展的巨大应用价值，而现在基础教育中和许多通论性历史著述中大谈特谈的毕昇活字印刷，直到这一时期，还没有产生丝毫社会影响。毕昇试验过的活字印刷技术，对于汉文书籍的印制来说，直到明代中期以后，才开始产生具有社会意义的影响。

总的来说，在明代中期以前，雕版印刷大体上是可以较好地满足社会需求的，但是到了明代中期以后，情况开始发生变

《宋会要辑稿》所记雕印《文苑英华》的诏命

化。大致从明宪宗成化年间开始，书籍出版的种类明显增多，至正德、嘉靖年间以后，书籍出版的繁盛变得愈加明显。基于读书人阅读范围的大幅度扩展，需要出版印刷业的效率能够有相应的提高。

在这种情况下，毕昇身后一直被弃置不用的活字印刷技术，就重被一些人在较大范围内付诸实用，人们试图以此来提高出版印刷的效率，弘治、正德、嘉靖年间在特定情况下兴盛一时的所谓"铜活字"（实际上是锡活字）印刷，就是适应这一社会需求的产物。当然在这一时期还有其他材质的活字印刷实践。

然而，有史以来包括锡活字在内的活字印刷相对繁盛的局面，犹如昙花一现，很快在万历年间就基本结束了。在此之后，活字印刷一直蜷曲在整个印刷业中一个很不被人注意的角落，实际发挥的社会作用和影响极其微弱。印刷业的天下，还是被雕版印刷笼罩着。

为什么会出现这样的情况？除了汉字活字印刷本身难以克服的技术缺陷之外，与雕版印刷的情况相结合，通盘考虑中国古代书籍的印刷技术，我想还有一个更为通贯的原因。这就是雕版印刷在这一时期，或者更清楚地说，是在嘉靖、万历之间，实现了一次革命性的发展，这主要是版刻字体的笔画形态，适应快速雕镌的需要，做出了重大调整：由刻字的"刀"将就写样的"笔"，改成了由写样的"笔"来服从于刻字的"刀"，即雕版印刷的字体，形成了所谓"宋体字"。这种字体，其标准的字形，形成于万历时期，所以日本人称之为"明体字"，这比"宋体字"的说法要更为准确。其主要特点，是横平竖直，便于刀刻，而在通常情况下，谁也不会拿笔写这种字。

中国古代印刷技术在明朝嘉靖、万历之间发生的这次变化，在很多年前，我就将其称作一次"革命性"的变化。其结果是书籍出版发行的数量大为扩展，速率大为提高，以至于彻底断绝了活字印刷或有可能进一步拓展的应用空间。这一"革命性"变化，首先是明朝社会发展的产物，因为社会的发展要求印刷效率提高，但同时，印刷技术的"革命性"发展和印刷效率的大幅度提高，反过来又极大促进了社会各个层面的发展和变化。不管人们用什么概念来概括明末社会，但万历年间以来，中国的社会，尤其是在那些经济文化比较发达的地区，各个方面都发生了深刻而巨大的变化，这是一个不争的事实。而只要我们细心观察就可以看到，在这一变化的过程中，很多方面都可以发现印刷技术的影响。像李贽《焚书》和《金瓶梅词语》的印刷出版，就是很形象的例证。

像这样一些想法，有的在《中国印刷史研究》中已经有所论证和表述，有的虽然还没有做出深入的阐释，但至少也是我在研究过程中一直关注的问题。那些已经完成的研究，是形成这些想法的基础。把这些想法写在这里，是希望那些不是很关注印刷技术的实质内容而更在意其社会影响的学者能够了解，学术是由很多细节构成的，是一环扣一环的整体。因此，首先尽可能准确地认识各个细节，尤其是那些历代学者都感到疑难的关键之点，实际上会有助于我们从更加广阔的视野上来认识中国古代社会。

2018 年 11 月 19 日 15 时

高丽王国率先应用金属活字印制具体书籍的实物证据和文献记载

　　2001年，高丽王国印制的《佛祖直指心体要节》（残存卷下，现藏巴黎国立图书馆），被收录进联合国世界文化遗产名录，入选介绍称此书为现存最古老的金属活字印书。

　　《佛祖直指心体要节》卷末印有"宣光七年丁巳七月　日　清州牧外兴德寺铸字印施"题识，此"宣光七年"系北元昭宗纪年，为1377年，值明洪武十年。

　　此前，在传世《南明证道歌》一书的卷末，存有南宋理宗嘉熙三年（己亥年，高丽王国高宗二十六年，1239年）的题记，谓当时乃依据"铸字本"重雕此书，可证在这一年之前，高丽王国已经应用金属活字印书。按照一般的情理来推测，这种金属铸造的活字印本印行一段时间以后才需要重新雕版再印，因此，其实际行用金属活字的时间，要比1239年早一段时间，但具体会早到什么时候，目前还很难确定。

　　与此前后，在时人李奎报的文集《东国李相国后集》卷一一，收有一篇代人撰写的《新印详定礼文跋尾》，文中记有

一得無心便道情六門休歇不勞形有緣不是余
朋友無用雙眉卻弟兄
悟了還同未悟人無心勝負自安神從前古德稱
覓道向此門中有幾人
大法眼禪師因僧看經頌
今人看古教不免心中鬧欲免心中鬧但知看
古教
不唯超苦厄決定證無生
古德頌曰照溫溫皆空處深行般若時
又著欲見正性偏於我相亡形容何處有六亢本無
從諮爾靈明偏然世界通
火從木出還燒木智因情起卻除情正心觀妄
古德頌曰

高丽金属活字印本《佛祖直指心体要节》内文

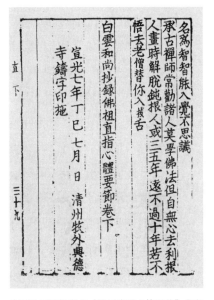

高丽金属活字印本《佛祖直指心体要节》卷末

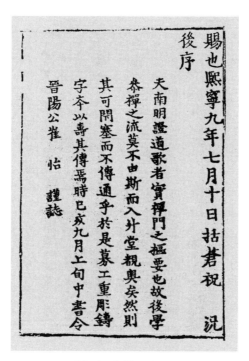

《南明证道歌》卷末题记

"遂用铸字印成二十八本，分付诸司藏之"云云，表明这次印行《详定礼文》，用的是铸造的金属活字。这次使用铸字印书，应在上面讲的以铸字印行《南明证道歌》事后。

毕昇率先试验泥活字印刷技术之后，南宋光宗绍熙四年（1193）周必大"以胶泥铜板"试印自己的著述《玉堂杂记》，是第一次见诸文献记载的活字印书实践。

高丽王国以金属铸字排印《南明证道歌》和《详定礼文》，

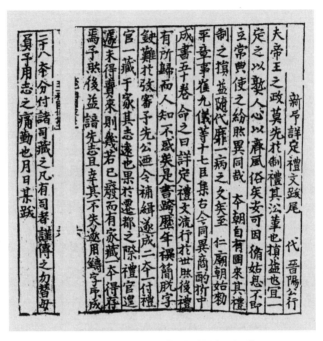

《东国李相国后集》之《新印详定礼文跋尾》

是继此之后，最早应用活字印制具体书籍的记载，也是世界上使用金属活字印刷具体书籍的最早记载。

从存世《佛祖直指心体要节》残本的书影来看，若单纯论印刷效果，高丽王国应用的金属活字印刷技术，已经相当完美，这是人类文明的重要成就，值得所有人为之骄傲，当然也包括中国人在内。

2018 年 3 月 11 日晚记

关于《贩书偶记》的一种说法

昨蒙友人惠赠《可居室藏周叔弢致周一良函》一册，其中1981年6月29日一函，后添附别纸一页，述及孙殿起《贩书偶记》及其《续编》，乃谓"《贩书偶记》前后编之书，绝大部分是孙殿起为伦明所收集。伦氏书今不知归何处。我以为其重要不亚宋元。如星散，则不为人所重矣"。

伦明先生为续补《四库全书》，书斋以"续书楼"自颜，并于北平琉璃厂开设通学斋书肆，以便购藏所需书籍，延聘孙殿起先生经营其事。

孙殿起先生在伦明先生指点下，记录过手经眼古籍，日积月累，纂成《贩书偶记》及其《续编》，堪充《四库全书》后古籍总目，且一一注名版本，为功于学术甚巨，迄今无可替代。

唯周叔弢先生谓《贩书偶记》正续编所著录诸书"绝大部分是孙殿起为伦明所收集"，德勇别无所闻，可供关心版本目录之学者参考。又旧日所知，伦明先生藏书，身后系由冼玉清

周叔弢致周一良函

先生中介，归于北平图书馆。

读此札知周叔弢先生本人藏书虽以宋元珍本为主，但不薄普通清人刻本，故谓伦明先生精心收藏的清人刻本"重要不亚宋元"。书终究是要读的。有品位的藏书家，确实并不仅仅财大气粗而已。

唯私人信札，尤其是在亲人之间，既记有很多不可为外人道的心里话，有时也会很随意，像《贩书偶记》正续编所著录诸书多属伦氏续书楼自藏，似乎就应仔细斟酌。过去前辈口耳相传，多以为伦明先生不过借由通学斋书肆就便择取部分中意佳本而已，观《贩书偶记》正续编著录书籍之繁多混杂，若谓其中"绝大部分"，似非伦明先生一人所能藏弆，恐怕也不会这"绝大部分"都是他所乐于纳入书斋的。

2018 年 12 月 3 日晨记

张煦侯《通鉴学》重版附言

我知道张煦侯先生这部《通鉴学》的时间很晚，是在修订拙作《制造汉武帝》的过程中，蒙友人相告，才知晓这部著作的存在。这固然是由于我读书太少，孤陋寡闻，不过若是勉强给自己找个开脱理由的话，此书旧印本现在已经很不容易读到，也是一项客观上的限制因素。

此前我读到的《资治通鉴》导读书籍有两部。一部是崔万秋先生的《通鉴研究》，另一部是柴德赓先生的《资治通鉴介绍》。前者出版于 1934 年 8 月，被列在商务印书馆的《国学小丛书》之内；后者是在 1981 年 10 月由北京的求实出版社出版的。两本书各有特色，但都有些单薄。初读固然简明，但稍一深究，就都显得对相关问题的阐述不够充分。与那两部书相比，张煦侯先生这部《通鉴学》，是目前我所见到的一部论述最为详明的《通鉴》导读书籍了。现在重印这部著述，价值即在于此。对此，似已毋庸赘言。

张煦侯先生这部《通鉴学》，据其题署的成稿时间和自序写成时间，是在 1945 年 2、3 月间，正式面世，则在 1948 年 2 月，是由开明书店出版发行的（初版署名"张须"）。这个时候，所谓"中华民国"已经"国将不国"，人心浮动，市面萧条，这部书的印行，大概也不够广泛。

商务印书馆的《国学小丛书》，发行量很大，行世范围也很广，所以，崔万秋先生出版已十多年的《通鉴研究》，张煦侯先生没有不知晓的道理，也没有未曾寓目的可能。可是，他在《通鉴学》书中却只字未提崔书。原因只能是在张煦侯先生看来，与他要写和写成的这部书稿相比，崔书不值一提。这是我们今天阅读这部《通鉴学》时首先需要了解的，在对比阅读两书时，尤其需要明确这一点。

回到我们的主题。尽管张煦侯书并不能完全涵盖崔万秋的书，我们也不宜读到张煦侯先生的书就把崔万秋先生的书视作废纸，但张煦侯先生有权利这么做，在我看来他也有相当充分的理由这样做——这部《通鉴学》的总体质量确实已经高出《通鉴研究》很多。

柴德赓先生的《资治通鉴介绍》，其主体部分，是 1963 年作者给中共中央党校历史专业学员讲课的录音稿。书中另外附了两篇多少有些相关的讲稿，一篇是《陈垣先生的史学思想》，另一篇是《中国古代历史纪年问题》。

柴德赓先生在这篇关于《资治通鉴》的讲稿里，也没有提及崔万秋和张煦侯这两位先生已有的著作，原因可能主要是由于其授课对象文史知识的素养不是很高，不需要做这么多专业

1948年2月开明书店初版本《通鉴学》封面

性的说明。另外，崔万秋先生和国民政府的关系较为复杂，这可能也是柴德赓先生不便交代相关研究状况的一项重要原因。然而以柴德赓先生读书的广博程度来看，他应该是读过崔万秋先生的《通鉴研究》和张煦侯先生的《通鉴学》的。

不管是崔万秋先生的《通鉴研究》，还是张煦侯先生这部《通鉴学》，或是柴德赓先生的《资治通鉴介绍》，尽管这几部著述的侧重点微有出入，但是其共同具有的一项核心内容，就是给《资治通鉴》做导读，帮助初读《通鉴》的人更好地阅读此书、理解此书、运用此书。张煦侯先生在《通鉴学》的自序中称"乃观庠序承学之子，其真能爱叹诵写，知《通鉴》之所以为《通鉴》者，复不可便得"，所以才动笔撰写这部书籍，即已清楚阐述了这一点。

基于上述三书连环相套的实际情况，下面，作为中国古代文史学界中一个读过一点点《通鉴》，用过一点点《通鉴》的普通学徒，我想从自己十分有限的学术经历出发，在上述三书既有的基础上，简单谈一谈自己对相关问题的初浅理解。这样的理解，若是能够对崔万秋、张煦侯和柴德赓这些先贤既有的研究成果有所补充和发挥，能够对和我一样想要阅读《通鉴》、利用《通鉴》的读者多少有所帮助，那将会让我感到极大的欣慰。

一 怎样读《通鉴》

第一个问题，是怎样读《通鉴》？关于这一问题，我想先在张煦侯先生等人已有论述的基础上，补充说明一下普通非专业读者应该怎样入门，即怎样走近《通鉴》，怎样走入《通鉴》一书。

司马光的《资治通鉴》是一部非常重要的史学著作，甚至可以说是一部辉煌的史书，然而正如俗语所云，曲高和寡。好的书籍，并不一定适合更多的人阅读，至少不一定不管是谁一上来就能读、就能读得下去并读得出兴味来的书籍。

按照我的看法，《资治通鉴》就是这样一部书籍。据帮助司马光纂修《通鉴》的主要助手刘恕的儿子刘羲仲讲，司马光本人尝自言当时人对他这部书的态度：

130

> 光修《通鉴》，唯王胜之借一读。他人读未尽一编，已欠伸思睡矣。扬子云云："后世复有子云，《玄》（德勇案：应指扬雄著《太玄经》，司马光很是推崇此书）必不废矣。"方今《春秋》尚废，况此书乎？聊用自娱余生而已。（宋刘羲仲《通鉴问疑》）

对于真心问学的学人来说，读书做学问，最忌故作高深。尽管如刘羲仲所云，司马光撰著此书，其"用意远矣，非为寡闻浅见道也"（宋刘羲仲《通鉴问疑》），读者鲜少，并不等于作者写得孬，但司马光在这里讲的，是老实人讲的大实话，实际情况就是这个样子。

对于何以会造成这样的情况，柴德赓先生解释说："是因为它与科举考试无关。从前，一般人读书是为了作诗、填词、应考，他看《通鉴》干什么？"这样的说法，我觉得未必合适。原因是科举考试的功利性目的只会决定人们看与不看，不能导致读者"读未尽一编"，便"已欠伸思睡"，不信，你给他本《金瓶梅词话》试试？科举考试从来也不考这种"淫词小说"，可是很多人都看得津津有味。至少在初次展读时，绝大多数人绝不会昏昏欲睡，甚至心跳血压还会有超常反应。道学先生们或许会说《金瓶梅词话》太不正经，或者故作纯真说不知道这是一部什么样的书，那么不妨换一部正儿八经的史书，换成太史公写的《史记》试试，同样是不会出现"读未尽一编，已欠伸思睡"的状况的。

造成读者接受困难的原因，是《资治通鉴》的体例不甚适合一般阅读。

《资治通鉴》是严格按照史事发生的时间进程载录其事，故称"编年体"史书。历史是时间的科学，而这种体裁的史书最大的长处，就是时间脉络清晰。早期的编年体史书，如《春秋》，只是寥寥数语记载一些特别重大的历史事件，其最简略者如秦国的史书《秦记》，甚至"不载日月"（《史记·六国年表》），这种状态的编年体史书，呈现的只是其优长的一面。

后来出现了给《春秋》这干巴巴的"骨头"增添很多"肉"的《左传》，载录的史事细节一多，前后演进的过程一丰富，其缺陷就开始体现出来：这就是一件较大的历史事件，前前后后，往往都要持续一段时间，在编年体史书中就要断断续续地持续载录其一个个演变的环节，而在这一过程中，又不止一件事两件事在同时并行着发生、发展，相互穿插，相互纠结，这就使读者在阅读的过程中难以连贯地把握一件史事的来龙去脉，甚至可以说大多数史事都呈现为一种七零八落的状态。由于《左传》的篇幅毕竟很有限，这样的缺陷也还不是十分突出。另外《左传》是与《春秋》相辅而行，实际上等于有纲有目，这样的结构，也使其叙事的眉目变得清晰一些，从而也在一定程度上降低了这一缺陷的消极影响。

司马光撰著的《资治通鉴》，载录的史事大幅度增多，同时其纪事也没有纲下设目的层次区分，这种缺陷就变得非常突出了。一件事儿，刚看一个开头，紧接着就出现诸多八竿子也打不着的其他事项，然后才会出现读者所关注事件的下文，接着又是诸多毫不相干的其他史事，不知又过了多长时间、经历多少其他事件之后，才能重又回到原来的线路上。面对这样的叙事形式，除了一小部分特别专注于研治历史的人，大多数人看着看着就哈欠连连，应该是必然的事情，一点儿也不奇怪。

然而《资治通鉴》毕竟是一部非常优秀的史学著作，其最大的优胜之处，就是通过细致的考订，比较清楚地排定了各项重要史事的前后时间次序。这一点，对比一下最著名的纪传体史书《史记》和《汉书》，就可以看得一清二楚。在这样的纪传体史书中，不同纪传之间载录的相关史事，其前后时间关系交错纠结，阅读时，头绪往往不易梳理清楚。司马光花费巨大心力，以政治和军事活动为核心，把这些散乱的纪事，归纳合并到同一时间序列之中，使人们更加清楚地认识和把握历史发展的来龙去脉，为功甚巨。这部书为我们阅史读史铺设了一个重要的基础，也提供了很大的便利。

那么，究竟怎样利用《资治通鉴》这部书才好呢？在这里，我想向各位初读者推荐一部根据《通鉴》改编的书籍——南宋人袁枢编著的《通鉴纪事本末》，建议大家先从这部《通鉴纪事本末》入手。

《宋史·袁枢传》记载说，因袁氏"常喜诵司马光《资治通鉴》，苦其浩博"，故另辟蹊径，"区别其事而贯通之，号《通鉴纪事本末》"。其实应是如上所说，鉴于《通鉴》按年月日纪事而带来的不便，从而另行创制新法，从战国初年的"三家分晋"开始到最后"（周）世宗征淮南"，共设立了二百三十九件史事作为标题，将《通鉴》中相关的原文按先后次序编录到一起。实际上这是一件件始终连贯、首尾分明的"大事记"，于是不劳前后翻检寻绎就能通读一件重要史事的始末，所以袁氏把书名称作《通鉴纪事本末》。

清朝官修的《四库全书总目提要》，称史书"自汉以来，不过纪传、编年两法乘除互用，然纪传之法或一事而复见数篇，宾主莫辨；编年之法或一事而隔越数卷，首尾难稽。（袁）枢乃自出新意，因司马光《资治通鉴》，区别门目，以类排纂，每事各详起讫，自为标题，每篇各编年月，自为首尾。……数千年事迹，经纬明晰，节目详具，前后始末，一览了然"。这种评价，很好地体现了《通鉴纪事本末》一书在史书体裁上的独特优势。若是换一个角度来更加清楚地表述《通鉴纪事本末》与《资治通鉴》这两部书的关系，不妨说《通鉴纪事本末》一书的内容，字字句句都是司马光的原话，袁枢只是对司马光这些话做了新的编排，读者在这本书中读到的所有文字，仍然可以说是出自司马文正公之手。

关于袁枢《通鉴纪事本末》更多的情况，张煦侯先生在《通鉴学》中已经做了很具体的叙述，读者自可检读，无须我再多予赘言。我在这里想要特别强调指出的是，不管是崔万秋、张煦侯，还是柴德赓，尽管这几位先生都对《通鉴纪事本末》一书给予了很高的评价，但他们并没有建议读者将袁枢此

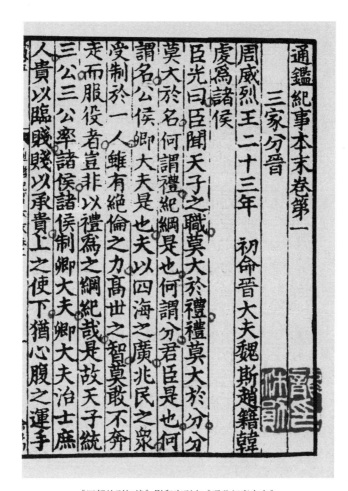

《四部丛刊初编》影印宋刊本《通鉴纪事本末》

通鑑紀事本末卷第一

三家分晉

周威烈王二十三年 初命晉大夫魏斯趙籍韓虔為諸侯

臣光曰臣聞天子之職莫大於禮禮莫大於分分莫大於名何謂禮紀綱是也何謂分君臣是也何謂名公侯卿大夫是也夫以四海之廣兆民之眾受制於一人雖有絕倫之力高世之智莫敢不奔走而服役者豈非以禮為之綱紀哉是故天子統三公三公率諸侯諸侯制卿大夫卿大夫治士庶人貴以臨賤賤以承貴上之使下猶心腹之運手

书作为阅读司马光原作的先行读物。像相对比较积极地推崇此书作用的柴德赓先生，也只是说"《通鉴纪事本末》印出以后，给了读《通鉴》的人很大的帮助。碰到有关的二百三十九件事情，就不用看《通鉴》，看袁枢的《通鉴纪事本末》就行了"。

如前所述，柴德赓先生这些话，只是在一次讲演中针对特定对象随口而说的，并不是特别严谨的学术性表述，他所说的"不用看《通鉴》"，指的应该是社会上的普通读者而不会是中国古代史的专业研究人员。即使如此，我的想法，同柴德赓先生上述看法仍然有着本质的不同。

我建议，一般非专业人士要想阅读《资治通鉴》，最好先从袁枢的《通鉴纪事本末》开始。具体来讲，主要基于如下几点考虑。

在直接阅读《资治通鉴》之前，人们对这部书的了解，通常只是中学课本编选的片段，或是普及性《通鉴》选本，而这样接触到的《资治通鉴》的内容，一般是不会触及前文所说这部书在叙事形式上不适合一般阅读的那些特点的。若是在这种情况下骤然接触《资治通鉴》原文，读者眼前必然是一派混杂凌乱的景象，茫然摸不到头绪。

我提议先看《通鉴纪事本末》，是觉得这部书会在两个方面给这些读者提供一个铺垫，或者说是架设一道上坡的引桥。

一个方面，是通过阅读这部书，预先对《通鉴》所记述的战国至五代时期的历史发展过程，有一条主线。

现在大多数人所接受的历史知识，是从小学到大学的教科书体系。这个体系，比较强调某些官方想要人们接受的概念，抽象的东西，明显占有较大的比重，而对具体的史事却重视不足。以这样的知识储备，骤然阅读"一事而隔越数卷，首尾难稽"的《资治通鉴》，所获得的印象，难免支离破碎，从而令人无法卒读。

前已述及，司马光《资治通鉴》载述的史事，是以政治和军事活动为主脉，而《通鉴纪事本末》摘取的就是这条主脉上的一系列重大事件，因而读过《通鉴纪事本末》，就能使读者对《资治通鉴》的主体内容有一个大致的了解，脑子里先有一条比较实在的脉络，这样才便于大家按照司马光排定的时间次序，渐次展开那一段段过去的历史，顺序走入那一段段过去的历史。

另一个方面，以这样的阅读为背景，读者就很容易明白，《资治通鉴》中那些从表面上看似乎七零八落的内容，只要你静下心来慢慢阅读，就会看到不同时期各项历史活动的前后连续和不同事项之间的相互影响。重要的是，每一位读者都要明白，自己需要在阅读的过程中去慢慢寻绎，静静思索，这样才能读得懂《通鉴》，弄得通《通鉴》。这不是一件很容易的事情，不是听人家说《资治通鉴》有名，说《资治通鉴》写得好，你买过来一本，便一下子就能看得下去的。

总之，我认为《通鉴纪事本末》几乎可以说是普通读者阅读《通鉴》的必备阶梯，只有先读过《通鉴纪事本末》，才能读好《资治通鉴》。

这个看法不一定很妥当，仅供大家参考，但关于这一看法，我还想补充说明一下我对相关问题的一般性认识。不管是学习哪一方面的知识，初学者总希望能有专家帮助提供一些指导性的意见。现代社会知识分化越来越细，这种需求也就会越来越强烈。不过在提供指导意见的专家一方，给出的方案却往往不尽一致，彼此之间甚至会有很大冲突。对于学问，一个人一种做法，出现这样的差异本来是很正常的。在这里我想说明的是，在谈论治学方法或是读书路径这一问题时，或许可以把这些提供指导意见的专家划分为"说实话派"和"唱高调派"两大派别。顾名思义，大家就会明白我说的这两派指的是什么。我愿意做一个"说实话派"，尽管这实话说出来可能显得很土，但它实在。

在怎样阅读《通鉴》这一问题上，接下来我想谈一下怎样合理利用《通鉴目录》的问题。

司马光在撰著《资治通鉴》这部书的同时，还另修成《资治通鉴目录》三十卷。这《目录》也被称作《通鉴》的"大目录"。司马光在自序中说明其编纂缘由曰：

> 编年之书，杂记众国之事，参差不齐，今仿司马迁年表，年经而国纬之，列于下方。又叙事之体，太简则首尾不可得而详，太烦则义理汩没而难知。今撮新书精要之语散于其间，以为《目录》。

清官修《四库提要》概括这部书的特点是："其法年经国纬，著其岁阳岁名于上，而各标《通鉴》卷数于下，又以刘羲叟《长历》气朔闰月及列史所载七政之变著于上方，复撮书中精要之语散于其间。"亦即相当于一份"大事年表"，而实际上各个历史时期的写法亦不尽相同，根据不同时期的特点而有所变化。

这部《目录》，现在很少有人阅读查用。中华书局点校本《通鉴》，也没有一并印上这个"大目录"，这可以说是中华书局点校本《资治通鉴》的一大缺憾。不过过去的《四部丛刊》本和《四部备要》本都很容易找到，想要阅读，并不困难。

出现这种状况的原因，是现代人一般觉得，《目录》对于研治史事并没有什么直接用处，对考订史事有大用的乃是司马光与《通鉴》同时撰著的另一部辅助书籍《资治通鉴考异》。不过司马光之所以要编著《通鉴》，其中一项重要的技术性原因，乃是读史者碍于历代史书篇帙繁博而"不暇举其大略"（刘恕《资治通鉴外纪》引言），可《资治通鉴》成书后卷次几近三百，常人依然不易骤然"举其大略"，故编此《目录》，以备检寻"事目"，也就是逐时查找史上每一个年头发生的大事，这对查阅具体史事，自然会提供很大便利。在阅读《通鉴》时，最好还是能够有一部《资治通鉴目录》放在手边，与之并读。这一点，张煦侯等人都已经指出。张煦侯先生还特别指出，司马光在《通鉴》正文中，于"天文现象不备书，书于《目录》"，这也是值得读者注意的一个重要事项（司马光这一做法本身，是所谓"唐宋变革"的一个重要体现，表明北宋中期以后，精英知识阶层的主流在很大程度上已经抛弃天人合一的说法，所以在《通鉴》正文中多略去天象记录而仅将其列入《目录》以备查）。不过我在这里强调要重视这个"大目录"，还有如下两点原因。

首先，除了便于查找特定的内容，通读《通鉴目录》，对通贯认知历史大势，也会很有帮助。《通鉴》的纪事，从战国一直持续到五代末年，事项纷杂。阅读《通鉴纪事本末》，可以帮助我们从总体上把握这一段历史的大势，但那是以大事为单位，实际上已在很大程度上脱离了《通鉴》自身的轨辙，而《通鉴目录》只相当于《资治通鉴》的浓缩。故披览《通鉴目录》，也可以帮助读者寻绎历史在时间轨迹上行进的脚步，获得的印象，宛如逐时延展的一个个大脚印，就是两个脚印之间的空当大了一些。

其次，《目录》中司马光在每一年份下对史事的取舍，更因直接体现司马光的看法而具有独特的史料价值。譬如匈奴浑邪王太子金日磾得以进入汉朝政治中枢，缘于其身没入官，为汉庭养马，武帝携后宫游宴察看，当时"后宫满侧，日磾等数十人牵马过殿下，莫不窃视，至日磾独不敢"，从而引起汉武帝注意，召问应答得体，拜为马监，由此一路升迁，被武帝用为心腹，"出则骖乘，入侍左右"，临终时又被命为顾命大臣，辅佐少主昭帝（《汉书·金日磾传》）。金日磾因谨守规矩不乱窥视而引起汉武帝注意这件事本身，不管对武帝一朝，还是对整个西汉历史来说，无论如何也算不上什么重大事件。司马光虽然在《通鉴》本文中特地予以记述，胡三省却以为这只是"为金氏贵显张本"。但这段史事在《通鉴》中只是附着于浑邪王降汉事下，并不显眼，可我们若是检读《通鉴目录》却可以看到，在元狩二年栏下，继"浑邪王降"这一大事之后，竟然写有"金日磾牵马不窃视"这样一条纪事。这就提示我们，司马光如此重视其人其事，个中缘由，相当耐人寻味。

由这一事例可以看出，在阅读《资治通鉴》一书时，若能在必要的时候，同时参看一下这部《通鉴目录》，将会帮助我们更加准确地把握司马光的主观价值倾向，而且可以避免因受其观念左右而对历史事实产生错误的认知。

二　怎样认识和理解《通鉴》载录的史事

在通过《通鉴纪事本末》这一"引桥"进入司马光的《资治通鉴》之后，一点儿一点儿地用心去读这部史学名著，自然就会一边读，一边产生一些想法，这就进入了我想在这里补充说明的第二个问题的范畴，即怎样认识和理解《通鉴》的内容。

读书是为了求知，读史会涵养我们的心灵，提高我们的人生境界，但孔夫子早已说过："学而不思则罔。"要想在阅读史书的过程中确实有所收益，而不是装样子、凑热闹，当然要边读边想，想想究竟应该怎样去认识古人做过的那些事儿，究竟应该怎样去理解古人做过的那些事儿。

想当年，孔老夫子在"学而不思则罔"这句话的下面，紧接着还讲了一句好像是反着说的话："思而不学则殆。"这句话讲得可是有些厉害了。有人是把这个"殆"解释成"危殆"的意思，也就是说，光一个人自己困守书斋胡思乱想，弄不好是会出问题的，这也就是俗话所说的"走火入魔"。

在现代社会生活中，不管做什么事儿，最好都能先适当利用一些专业人员业已取得的重要成果。读《通鉴》，前人已有的重要成果，大致可以分为两个大的方面。

第一个方面，是注释、考订史事的著述。这类著作，可以帮助读者清楚地认知史实，现在附在《通鉴》中的司马光自著《通鉴考异》和胡三省注（正式的书名是《资治通鉴音注》）最为重要。张煦侯先生的《通鉴学》等书，对这两种著述都有比较具体的介绍，我不必再多加说明，而对于绝大多数普通读者来说，有了这两种书籍，也就大致可以应付了，读不读其他同类著作，已经关系不大。所以，在这一方面，我就不再多赘笔墨了。

唯一需要稍加补充说明的是，元朝人胡三省给《通鉴》所做的注释，特别注重地理位置的考释和说明，其精湛和详明的程度，都颇受后世阅读《通鉴》的人称赞。第二次世界大战日本侵华期间，陈垣先生曾撰有《通鉴胡注表微》一书，特地阐发胡三省撰著此书的思想内涵和学术方法。柴德赓先生是陈垣先生的学生，在《资治通鉴介绍》中对老师这部著述曾略有说明。

陈垣先生在这部书中，尤为注重揭示胡三省寄寓其间的时政意义，也就是他的反元复宋思想，可是对胡三省给《通鉴》地理所做的注释，却仅是很浮泛地论述：

> 考证为史学方法之一，欲实事求是，非考证不可。彼毕生从事考证，以为尽史学能事者固非；薄视考证以为不足道者，亦未必是也。兹特辑存数十条，已备史学之一法，固知非大义微言所在也。（陈垣《通鉴胡注表微》之《考证篇》第六）

地理考释当然不是每一条目都有微言大义，但胡三省注《通鉴》而特别关注地理，却并不仅仅是为了纯学术的考证，而是别有深意寄存其间。

若是稍微拓宽一点眼光来看，在中国学术史上，读前代史书而特别究心于古今地理的沿革对照，一直与危殆的政治局势具有密切关联。如宋末亡国之际，王应麟写成《通鉴地理通释》一书，即自言欲通过考稽历代地理形势，"以为兴替成败之鉴"（《通鉴地理通释》卷首王氏自序）。胡三省是王应麟的得意门生，王应麟撰述《通鉴地理通释》的旨意，对他不能不产生影响。胡三省在其《通鉴注》的自序中就曾讲道："用兵行师，创法立制，而不知迹古人之所以得，鉴古人之所以失，则求胜而败，图利而害，此必然者也。"显而易见，这与王应麟以《通鉴地理通释》为"兴替成败之鉴"的旨趣是一脉相承的。理解这一点，我们才能更好地理解和利用胡三省《通鉴注》中的地理内容（我对《通鉴》地理注的这一看法，过去已经发表在《清后期的历史地图》一文当中，后来收入拙著《困学书城》，感兴趣的人可以查看我更详细的表述）。

人们在阅读《资治通鉴》一书时，可以考虑利用的第二个方面的前人成果，是"史论""史评"性书籍，也就是前人对司马光《资治通鉴》所做的评论。

这类书籍是在《通鉴》流行于世之后，读之者日众，于是有许多人纷纷针对《通鉴》的记载，来评议相关的史事。这类著述与上一类书籍最重要的不同，在于其不是说明或考订史事，而只是针对《通鉴》的纪事发表读史者的看法。

这些看法，或有助于读者切入历史内部，更好地认识什么是更具有本质性特征的问题，认识到事件的前因后果，还有究竟是基于哪些因素才造成了读者所看到的局面。总之，是大家怎样认识和理解史事的问题。

这样的问题，虽然因人而异，不可能也不宜求取共同的看法，但初读《通鉴》的人最好能够先有所凭借。通过这些凭借，引导你入门，先对一些重要的史事有个初步的看法，并了解认识历史的途径和方式。至于进到门里之后，如何登堂入室，最后到底怎样看待《通鉴》所载录的历史，那完全是每一位读者自己的事儿。

下面，就介绍几种在这方面能够对读者起到较大帮助的著述。

在这类书中，最重要的一部是清初学者王夫之的《读通鉴论》。关于王夫之这部著作，崔万秋和张煦侯先生都曾有所说明，但就我这里所关注的着眼点而言，似乎可以在他们的基础上，再稍加补充。

这部书籍的形式，是按照《通鉴》纪事的次序，择取各个时期重要史事，列为专题，对历代制度和政事得失加以评论。其《叙论》分为四条，则犹如古书之后序，总述其论史原则，如"不言正统""不论大美大恶""不敢妄加褒贬""因时宜而论得失"等。王氏是明清之际大思想家，梁启超谓其所做评论多具特出之史识，清后期人郭嵩焘更纵观"史论"这一体裁著述的发展历史，称颂此书说："自唐刘知几著《史通》，辨史法得失，而史论兴。所论者，史法也。其间政治醇浇之分、人物贤奸之辨，史固备录之，读史者循而求得之，无俟著录。若东阳葛氏《涉史随笔》、崇安胡氏《读史管见》，或因古人之事傅以己意，或逞一己之辨，求胜前人，是非褒贬，多失其平。自明以来论说益繁，大率不外此二者。独船山王氏《通鉴论》《宋论》，通古今之变，尽事理之宜，其论事与人，务穷析其精微，而其言不过乎则。"（见岳麓书社版《郭嵩焘诗文集》之《文集》卷六《彭笙陔〈明史略论〉序》）郭氏又云："国朝王船山先生《通鉴论》出，尽古今之变，达人事之宜，通德类情，易简以知险阻，指论明确，粹然一出于正，使后人无复可以置议。故尝以谓读船山《通鉴论》，历代史论可以废。"（见岳麓书社版《郭嵩焘诗文集》之《文集》卷七《黎肇琨〈读史

法戒论〉序》）

因《通鉴》以政治史为主线，王夫之的评论，同样是以历代兴衰治乱为核心内容。关心古代政治史的人，阅读《资治通鉴》，尤其应当取此书以并读。不过，在阅读此书时需要注意，《读通鉴论》中有一部分内容，偏重借古喻今，实际上可以看作针对明代政治的议论；又因王夫之生值明清易代，颇重华夷之辨，同样也是为抒发"攘夷排满"的志向，有感而发。昔曾国藩教子，尝指示云："尔拟于《明史》看毕，重看《通鉴》，即可，便看王船山之《读通鉴论》。"（《曾文正公家训》卷下）不知曾氏此语，是否亦对此有感而发。

我在这里想向大家介绍的另一部遍及上下，论及整部《资治通鉴》的"史论""史评"性书籍，是南宋初年人胡寅（号致堂）撰著的《致堂读史管见》。这位胡寅的父亲，是给《春秋》作传，也就是撰著所谓"《春秋》胡传"的胡安国。

《致堂读史管见》是胡寅因抨击秦桧而遭谪居期间阅读《通鉴》的产物。清朝在纂修《四库全书》时，四库馆臣对此书颇多訾词，称其论人论事，都过分严苛，"大抵其论人也，人人责以孔、颜、思、孟；其论事也，事事绳以虞、夏、商、周，名为存天理、遏人欲、崇王道、贱霸功，而不近人情、不揆事势，卒至于窒碍而难行"，而且胡寅的议论，往往是基于宋代时事及其个人际遇有为而发，"假借事端，自申己说"，以致清初有一位名叫朱直的人，写了一部题作《史论初集》的书，专门批驳胡寅此书，"每诋寅为腐儒，为蒙蒙未视之狗，为双目如瞽、满腹皆痰，为但可去注《三字经》《百家姓》，不应作史论，为痴绝、呆绝、稚气、腐臭"，等等。清末人张之洞在《书目答问》中尝谓史论最忌空谈苛论，《四库全书》仅列此书于"史评类"存目之中而未将其钞录于这部大丛书中，应是基于同样的判断标准。

四库馆臣对《致堂读史管见》的评价，固然有它的道理，在上面的论述中我们还可以看到，郭嵩焘也对胡氏此书颇有微词。但另一方面，我们也要看到，评史论史，体现的只能是评论者的主观认识，而这样的认识，是很难像考证史事的有无正误一样求得客观的公正一致的。当时这些四库馆臣主流的学术倾向，强调的是实事求是的考据之学，对评史论史的主观性论断，是相当轻视，甚至不屑一顾的。在这样的学术背景下，四库馆臣对胡寅《致堂读史管见》的评价，实际上要比他们所贬斥的胡寅的议论更为偏颇。

就我个人有限的阅读经验而言，我认为胡寅此书虽有责人过苛之弊，但亦颇能洞察史事，提出诸多深入独到的分析，是可以为读《通鉴》、用《通鉴》的人提供很多重要参考的。不管是读古人书，还是读当代学人的著述，与所谓见解"偏颇"相比，我觉得浮泛平庸而不知所云，才是更加可怕，也更没有意思的。

同类著述，我想向大家推荐的，还有一部《通鉴札记》。

这部书的作者刘体仁，是清末举人，其父刘秉璋则为前清重臣，曾任四川总督。这种家庭背景，使体仁耳濡目染，谙习官场运作的奥妙，故所撰《通鉴札记》，较诸王夫之的《读通鉴论》，在很多问题上都能够更为契合政坛实际，略无书生意气。而且此书不独对史事有精到评论，还像清乾嘉时期赵翼撰著的《廿二史札记》一样，能够首先注意归纳相关历史事实，从而使其议论更显平实，颇有助于当今研治古史者认识古代政治中某些隐而不显的内情。

说到这里，不妨顺带讲述两句。赵翼撰著的《廿二史札记》，归纳历代正史中的重要史事，加以阐发说明，其中战国至五代这一部分，多可为阅读《通鉴》的人提供有益的参考。其性质，就我们在这里谈论的怎样读《通鉴》这一意义而言，可以说是介于《通鉴纪事本末》与《读通鉴论》之间，是我们全面、深入认识《通鉴》所载史事的一座平稳的"桥"。

下面再向大家介绍几种不是评议《通鉴》全书而只评议《通鉴》部分时段史事的书籍。

第一部书，是南宋末年人王应麟撰著的《通鉴答问》。书中涉及的史事，仅截止于西汉元帝时期。

《通鉴答问》以"设问"的形式，就《通鉴》所记述的一些重要史事提出问题，再做回答，也就是对这些问题加以评议。清官修《四库提要》讲述此书云：

> 此书乃《玉海》之末附刊十三种之一，始自周威烈王，终于汉元帝，盖未成之本也。书以《通鉴答问》为名，而多涉于朱子《纲目》，盖《纲目》本因《通鉴》而作，故应麟

通鑑劄記卷一

秦之强不由於衛鞅

衛鞅未入秦之先秦之强已震於天下安王元年伐魏至陽孤陽孤郭在魏州元城縣東北二十里是時西河之外皆為魏境秦兵越魏都安邑而東至元城其兵之深入可知十一年秦伐韓宣陽取六邑十二年秦晉戰於武城十三年秦侵晉晉郰魏也十五年秦伐蜀取南鄭顯王三年秦敗魏師韓師於洛陽五年秦獻公敗三晉之師於石門斬首六萬王賜以黼黻之服七年秦魏戰於少梁魏師敗績獲魏公孫痤秦之强豈由於鞅哉

一　辟園史學

所论出入于二书之间。其所评骘，惟"汉高白帝子"事，以为二家（德勇案：二家指司马光《通鉴》与朱熹《通鉴纲目》）偶失刊削，"孔臧元朔三年免太常一条"，疑误采《孔丛子》。其余则尊崇新例，似尹起莘之《发明》；刻核古人，似胡寅之《管见》。如汉高祖过鲁礼孔子，本无可贬，乃反讥汉无真儒；文帝除盗铸之令，本不可训，乃反称仁及天下。与应麟所著他书殊不相类，其真赝盖不可知，或伯厚孙刻《玉海》时伪作此编，以附其祖于道学欤？然别无显证，无由确验其非，姑取其大旨之不诡与正可矣。

今案四库馆臣上述评价，虽然也有随意敷衍、强凑己意的成分（如谓"汉高祖过鲁礼孔子，本无可贬，乃反讥汉无真儒"，实际上王应麟并没有否定汉高祖刘邦奉祀孔子的行为，只是从汉代儒学与政治的总体关系出发，感慨"帝之所用，如叔孙通、陆贾之徒，陋儒俗学，不能以道致君，而尊崇前圣之美意，不得见于为治之实用"，说见《通鉴答问》卷三"过鲁祠孔子"条），但大体尚堪称允当。其实不惟所谓"新例"亦即朱熹《通鉴纲目》所定"义例"，即使是司马温公纪事的旧文，王应麟亦皆即文设问，而不愿对其事实准确与否，稍加置疑。至于四库馆臣怀疑此书有乃孙冒用祖名之嫌，更是无端的揣测，本不足为信。

第二部书，是南宋理宗时人钱时撰著的《两汉笔记》。顾名思义，即可知此书评议的是两汉时期的史事。

钱时此书，宋代以后流传稀少，故至清代，已经罕有人阅读。以致乾隆年间纂修《四库全书》时，馆臣对此书亦未能多加留意，只是草草敷衍，写成《提要》，讲述说：

> 此书皆评论汉史，……其例以两《汉书》旧文为纲，而各附论断于其下。前一、二卷颇染胡寅《读史管见》之习，如萧何收秦图籍则责其不收"六经"；又何劝高帝勿攻项羽归汉中则责其出于诈术；以曹参文帝为陷溺于邪说，而归其过于张良；于陆贾《新语》则责其不知仁义。皆故为苛论，以自矜高识。三卷以后，乃渐近情理，持论多得是非之平。其中如于张良谏封六国后，论封建必不可复，郡县不能不置；于董仲舒请限民名田，论井田必不可行；于文帝除肉刑亦不甚以为过，尤能涤讲学家胸无一物、高谈三代之窠臼。至其论董仲舒对策，以道之大原不在天而在心，则金溪（德勇案：指南宋理学家陆象山）学派之宗旨。论元帝以客礼待呼韩邪，论光武帝闭关谢西域，皆极称其能忍善让，则南渡和议之饰词，所谓有为言之者，置而不论可矣。

这条《提要》文字中最为关键的疏误，在于钱时撰著此书，本是针对《资治通鉴》之两《汉纪》部分而发，绝非"例以两《汉书》旧文为纲，而各附论断于其下"，此乃稍一检核比对《通鉴·汉纪》即可知晓，无奈四库馆臣由于重考据而轻议论，对此等著述，不愿稍予措意，只是望文生义，想当然地以为钱氏所做评述应是针对"两《汉书》旧文"而发，略不思及其书体例乃是先严整依据编年先后，一一移录具体史事，然后再附列作者的评议，而像这样严整的史事编年，要是没有花过像《通鉴》这样的细致工夫，岂能随手排列清楚？作者的撰著旨意，本来只是评述史事，何不直接摘录两《汉书》中相关纪传的记载？四库馆臣这些评断，实在颠顶过甚。

需要指出的是，钱时书中移录的史事，个别地方也做有自己的变通处理，并非百分之百地忠实转抄《通鉴》文字。如其受南宋以后"正统观"的影响，处理三国时期魏、蜀（汉）、吴三家的地位时，改变《通鉴》所谓尊魏抑蜀的做法，改书"蜀主"为"蜀帝"，记刘备之死曰"崩"，谓"帝崩于永安宫"，并附列说明云：

> 《三国志·魏书》帝死书"崩"，《蜀书》主死书"殂"，故《资治通鉴》因之，魏曰帝，蜀曰主，而死则皆曰殂。昭烈、嗣武二祖，统系于汉，非曹氏篡贼之比。先儒标题，则固帝蜀而书"崩"矣，今特从之。

这条说明，也是钱时此书系针对《通鉴》而作最显著的证据。

至于此书对研治两汉史事的价值，看《四库提要》的论述，应当已经能够大致有所了解，即作者对两汉史事的评议，可以为我们今天认识相关问题，提供有益的借鉴，哪怕是《提要》指斥为"南渡和议之饰词，所谓有为言之者"，同样也会对我们的认识有所帮助。贯穿古今，前后印证，才更容易把握历史的真相。

第三部书，是南宋前期人李焘撰著的《六朝通鉴博议》。这部书撰成于光宗绍熙年间，又题作《李侍郎经进六朝通鉴博议》。在这部书的卷首，列有《三国谱系图》《晋谱系图》《南朝谱系图》《北朝谱系图》《隋谱系图》《六朝建都之图》和《六朝攻守之图》诸辅助性图示，这也给阅读《通鉴》提供了很大便利。《四库提要》讲述此书著述宗旨云：

> 此书详载三国六朝胜负攻守之迹而系以论断。案焘本传载所著述，无此书之名，而有《南北攻守录》三十卷，其同异无可考见。核其义例，盖……专为南宋立言者，……得失兼陈，法戒具备，主于修人事以自强，……所论较为切实。史称焘尝奏孝宗，以即位二十余年，志在富强，而兵弱财匮，与教民七年可以即戎者异；又孝宗有功业不足之叹，焘复言功业见于变通，人事既修，天应乃至。盖其纳规进诲，惟拳拳以立国根本为先，而不侈陈恢复之计。是书之作，用意颇同。……焘之所见，固非主和者所及，亦非主战者所及也。

今案四库馆臣谓此书乃因南宋偏安于江南一隅，为此而议论三国六朝攻守之事，以为鉴戒，所说自符合李焘本意。盖李氏在是书卷一开篇的《序论》中本已清楚讲述：

　　臣因思江左之地，自吴至陈，各据形势为自固之术，然三百年间，或谋虑失当，或机会失实，或事宜失断，……此其所以终不能混一区夏。臣旁采褒类而为之说，非谓专取其长，盖欲详言其失，监彼之失，而求吾之所以得，或庶几焉。……取其失者而监之，则于谋谟为有补矣。臣是以集其事实，起自东汉建安五年，至陈祥明（德勇案："祥明"代"祯明"，避宋仁宗讳改书）二年。遇有所见，则表而出之，各为之说，名曰"六朝制敌得失《通鉴》博议"，合为百篇，离为十卷。

其书当时不仅进呈于朝，亦当适应科举考试策论的需要，广为刊布。

　　就在李焘撰著此书之前不久，在孝宗淳熙十二年十月，我们看到出现了以下的情况：

　　太学博士倪思言："窃见近日学校科举之弊，患在士子视史学为轻。夫所谓史者，岂独汉唐而已哉？而今之论史，独有取于汉唐。至若三国、六朝、五代，则以为非盛世事，鄙之而耻谈。〔夫三国、六朝、五代则亦固非盛世，〕然其进取之得失，守御之当否，筹策之疏密，计虑之工拙，与夫兵民区处之方，形势成败之迹，前事之失，后事之戒，不为无补，皆学者所宜讲究者也。〔西晋清谈之祸，王安石新法之弊，其失皆于士大夫持论好高，崇经而略史，〕近者有司稍知其弊，命题之际，颇出史传，然犹有所拘忌。而又场屋考校，专以经义诗赋定得失，而以论策为缓。〔夫士子之趋向，视考官之去取，则其以史学为轻，毋足怪者。臣愚望陛下，申敕考官，〕课试命题，杂出诸史，无所拘忌，而于去取之际，稍以论策为重，庶几士子博古通今，皆为有用之学，〔其益非浅，□□进止〕。"十月二日，三省同奉圣旨，依奏（案上述引文，系兼用《宋会要辑稿》之《选举》五《贡举杂录》引文与《中华再造善本》丛书影印宋刻本《六朝通鉴博议》卷首之《乞尚史学札子》两处文字合并而成，方括号内，是依据《乞尚史学札子》补入的内容）。

李焘撰著此书，紧继倪思奏上此札之后没有几年，二者之间，应当有所联系。宋代书坊积极刊刻此书，就可以证明其应从科考的市场需求，而李焘论述三国、六朝胜负攻守，仅据《通鉴》立论，并不涉及三国两晋南北朝诸纪传正史，也正是此前科举试士所涉及的史学内容尚多偏重汉唐而尚不能"杂出诸史"所致，其采用《通鉴》作为论述的依据，不过是在这一背景之下的一种折中方案而已。

李焘即效法司马光《资治通鉴》撰著《续资治通鉴长编》的史学名家，颇具史才史识，故尽管其撰著过程中存在上述这些因缘，今天我们在阅读《通鉴》魏晋六朝时期的记述时，适当参考李焘的评议，对合理认识相关史事，还是会有很大助益。

在这方面，我想介绍的最后一部书籍，是协助司马光撰著《通鉴》的范祖禹所写的《唐鉴》。

范祖禹《进书表》称其撰著此书，乃是基于"今所宜监，莫近于唐"，即以之直接服务于宋朝的政治。清四库馆臣在《四库提要》中讲述此书云：

> 初，治平中司马光奉诏修《通鉴》，祖禹为编修官，分掌唐史，以其所自得者著成此书。上自高祖、下迄昭宣，撮取大纲，系以论断，为卷十二，元祐初表上于朝。……后〔吕〕祖谦为作注，乃分为二十四卷。……张端义《贵耳集》亦记高宗与讲官言："读《资治通鉴》，知司马光有宰相度量；读《唐鉴》，知范祖禹有台谏手段。"

此书虽然并不是完全针对《通鉴》本文而发，但作者系因协助司马光编纂《通鉴·唐纪》部分而撰为此书，故所做评论，自与《通鉴》相关纪事具有密切联系，同样足以与《通鉴·唐纪》相参证。

看了上面这些内容，很多拿《通鉴》当一般读物阅读的读者，可能会感到很大压力。因为我开列了太多的书，这些人一定会觉得看不过来，甚至会怀疑自己相关知识的程度，是不是足以读懂像《通鉴》这样的书籍。

其实普通的非专业读者千万不必对自己本身的文史基础感

到疑虑，即使是专业的中国古代史研究专家，这个世界上也不会有几个人能够一一通读上述各种著述，一辈子根本没有看过一眼甚至闻所未闻的也大有人在。这里的问题，是怎样来读这些书。

首先读与不读，完全随兴随意；其次是读哪些书不读哪些书，同样随兴随意；再次是读多读少，也是随兴随意。总而言之，一切都是随兴随意，乘兴而读，兴尽而罢。想到哪儿，就读到哪儿。想参考时，就随意翻看一下而已。读书是一件超级享受的事儿，也只有尽量随兴随意地读书，才能获取更大的享受。若是能够体味到这一点，我想大多数人就会相信，我上面讲的这些内容，是有一定道理的。

三　怎样合理评价《通鉴》的学术质量

我在这里想要补充说明的第三个问题，是怎样分析和评价《资治通鉴》一书的学术质量？换一个说法，这实际上是读者在阅读这部史学名著之前怎样确切地知悉其存在某些瑕疵的问题。前面提到的崔万秋、张煦侯和柴德赓诸位先生，对这部书的介绍都是重在突出它的成就、贡献和优点，相对而言，对《通鉴》一书的缺陷，我不知道他们是在有意淡化或者回避，还是认识有所不足，反正讲得很不够，而这对阅读导读书籍的读者，显然是不尽适宜的。

一般来说，古人和我们现在的人一样，都是人。是人，就会有缺点也有优点，而且优点突出往往就意味着缺点也很明显，至少在世俗众生的眼中是这样。同理，古代的学者和他们写出的著述，也同现代的学者与著述一样，优点和缺陷并存，长处与短处同在。像司马光这样"写"历史（"写"历史与"研究"历史，二者之间是有很大不同的），这一情况会更为突出地彰显出来。不是司马光的能力不足，谁来做都逃不掉的。

在这一方面，我想先谈一下司马光撰著此书时对待客观史实的态度。上一节我向读者推荐的那些"史论""史评"性的著述，讲的都是后人怎样理解和评价史事的问题，而人们的理解和评价是一种主观的判断，难免因人而异，随时而变，永远不会有一个普世公认的答案。可是历史事实本身却是完全不同的另一码事儿。价值的判断，永远会争论不休，但事实就是事实，历史的事实就是所谓史实，你不能对确切的史实进行争辩，它就是以那个样子发生了、存在了。忠实地记述客观存在的历史，是一部史学著述学术质量的根本所在，因而也是我们在评判一部史学著述时最主要的着眼点。

关于这一点，崔万秋、张煦侯和柴德赓这几位先生，对司马光史笔之信实，是交口称誉的；尤其是前文已经谈到，在撰著《通鉴》的过程中，司马光还同时著有一部《通鉴考异》，一一说明他对那些歧异史料的考辨抉择。这一前所未有的做法，更加凸显出司马光下笔确是每一句话都有根有据，一丝不苟。

司马光一生行事端谨，确实是个老实得不得了的老实人。

老实人做事不滑头，有一说一，有二说二，著书立说，同样如此。但在另一方面，司马光也是个大政治家，想的、做的都是治国平天下的大事儿，和升斗小民的境界是有很大差别的。政治的现实太复杂，历史更纠结。司马光的政治目标很大，政治理想也很高，他写《资治通鉴》就是为了借助历史来体现并进而实现自己的政治理想。然而真实的状况往往并不是他憧憬的那个样子。于是，对这些他不喜欢的事儿写不写或是怎样写，就成了一个哈姆雷特式的难题。

一个人的政治理想，往往不会是一天生成的，为实现理想所努力的方向，常常也是日渐成长一以贯之的。

在撰著《资治通鉴》之前，司马光写过一篇题作《史剡》的文章，而所谓"史剡"，实际上就是"削除史实"的意思。"剡"是"削"的意思，在这里实际上相当于"删"字的另一种写法。司马光在《史剡》的前序中阐释其撰著宗旨说："愚观前世史，有存之不如其亡者，故作《史剡》。"（见《温国文正司马公文集》卷七四）用现在谁都听得懂的大白话讲，就是说，那个事儿在历史上虽然确实有，但我司马氏不喜欢，留在史书上看着不舒服，所以就该把它删了。

于是，司马光就在《史剡》中举述了十件这样的事儿，用以具体说明他的史学观念。下面就让我们来看看，他想要"避而不见"的到底都是些什么事情。

例如，萧何在西汉建国之初为刘邦兴建未央宫，因当时天下久经战乱，百姓创伤未愈，刘邦见其过于"阔壮"，不禁发怒，但萧何却说正可乘此时机胡搞乱干，而且不这么干，就不能显示四海天子的威风，这事儿让品行端正的司马光感到很是不快，于是就想把它“剡”去，硬要说“是必非萧何之言”。可这是《史记》《汉书》清清楚楚记载，板上钉钉儿的事儿，不管司马光想知道还是不想知道，它都在那儿，你想“视而不见”怎么能行？

又如夏禹“禅让”帝位给益，而天下去益归启，于是大禹的儿子启就顺应民心继承帝位，古史传说普遍如此。近代以来，学者们借鉴西方社会科学理论，以为这是一个开启父子传承“家天下”新时代的“划时代”事件，同样没有看出有什么不合理的地方。可是，司马光却以为大谬不然，述之曰：

> 父之位传归于子，自生民以来如是矣。尧以朱不肖，故授舜；舜以均不肖，故授禹。禹子启果贤，足以任天下，而禹授益，使天下自择启而归焉，是饰伪也；益知启之贤，得天下心，已不足以间，而受天下于禹，是窃位也；禹以天下授益，启以违父之命而为天子，是不孝也。恶有饰伪、窃任（位）、不孝而谓之圣贤哉？此为传者之过明矣！

不了解上古史的读者，这段话看起来可能有些绕，不大好理解，用我粗鄙的语言来翻译，就是爹的天下就该儿子来继承，“帝一代”就该传位给“帝二代”，以至“帝三代”“帝四代”直至“帝万代”，就像秦始皇设计的那个“规矩”一样，天底

哉是特老莊之徒設爲此言以誣先王之法太史公遂以爲實而載之過矣

蕭何營未央宮

蕭何作未央宮高祖見宮闕壯甚怒何曰天下方未定故可因遂就宮室且天子以四海爲家非壯麗無以重威且無令後世有以加也高祖說說

剗曰是必非蕭何之言審或有之何惡得爲賢相哉天下方未完爲之上者拊循喣嫗之不暇又安可重剗天下者明其德刑而天下服未聞宮室可以壯威也創業垂統之君致其恭儉以訓子孫子孫猶謠靡而不可禁況示之以驕修乎孝武本以宮室廣天下惡在其無以加也是皆庸人

《四部丛刊初编》影印宋绍兴刊本《温国文正司马公文集》之《史剡》

161

下怎么会有人做出传位于两姓旁人的糊涂事？何况大禹还是个堂堂皇皇的圣贤呢！像我们大宋，天下当然世世代代都只能是赵家人的，要是有人鼓噪学夏禹搞禅让，那成什么体统，岂不颠覆了赵家的江山？这样的史事，当然更该"刿"去不存了。

逮司马光撰著《资治通鉴》，对待史事史实的态度，依然如此。他没有像欧阳脩那样（有关欧阳脩名字的讨论，请参见作者文章《哪儿来一个欧阳修？》，收入氏著《那些书和那些人》，浙江大学出版社，2016 年。——编者注），把自己的抑扬褒贬寄寓于《春秋》式的笔法当中，而是秉持当年他撰写《史刿》的态度，通过史事的取舍，来体现自己的政治追求，这也就是孔夫子所说"我欲载之空言，不如见之于行事之深切著名也"。

然而史事是客观存在的，其重要性大小，也是有一个大致的客观标准的。司马光个人喜欢什么，就把它写进了《通鉴》；不喜欢，就尽量少写、不写，这样就会妨碍读者全面地了解真实的历史。对此，南宋改编《通鉴》为《资治通鉴纲目》的朱熹，就特地写道："温公修书，凡与己意不合者，即节去之，不知他人之意不如此。《通鉴》此类多矣。"并且具体指出《通鉴》中比较明显的一种去取倾向，即"温公不喜权谋，至修书时颇删之"。朱熹不禁对此感叹云："奈当时有此事何？只得与他存在。若每处删去数行，只读着都无血脉意思，何如存之，却别做论说以断之。"朱子复谓此等"温公好恶所在"，皆"著其事而立论以明之可也，岂可以有无其事为褒贬？"（宋黎靖德编《朱子语类》卷一三四《历代》一）。

　　像这样过分强烈地以个人的好恶对客观存在的史事做取舍，还只是《通鉴》失误的一个方面，其在载述史事上所出现的更为严重的失误，是为了体现自己的政治期望而写入了一些本来并不存在，甚至很可能是与历史事实相悖戾的史事。

　　在这一方面，在当代历史学界影响最大的，是司马光为了写出符合其自身期望的汉武帝晚年政治形象，不惜采录南朝刘宋时人王俭撰写的神仙家小说《汉武故事》等，从而做出了与历史实际完全相反的记述（司马光甚至还按照原样移录过比《汉武故事》更缺乏史料价值的情色小说《赵飞燕外传》中的文句，可以说已经到了匪夷所思的程度）。对此，我在《制造汉武帝》一书中已经做了很详细的考述，感兴趣的读者，可以参看，在这里不再一一述说了。

　　这样的事例，在整部《资治通鉴》中虽然并不很多，但对读者准确地认识历史事实，却影响甚大，应当引起人们的高度关注。

　　与此相关的另一项重要问题，是人们在论及相关史事时，怎样合理地对待《资治通鉴》的记载？这一点对从事相关研究的专业史学工作者尤为重要。

　　严谨地说，这个问题可以分作两个层次。第一个层次，是专业研究者如何对待《通鉴》的史料价值，是哪些该引作史料、哪些不该用作史料的问题；第二个层次，是非专业人士在对历史做一般性叙述的时候，《通鉴》的记载具有多大可靠性的问题。这两个问题，又相互交织，不易完全区分清楚。

亦可乎上每行幸常以後事付太子宮內付皇后有所
平決還白其最上亦無異有時不省必上用灋嚴多任
深刻吏太子寬厚多所平反雖得百姓心而用灋大臣
皆不悅皇后恐父獲罪每戒太子宜留取上意不應擅
有所縱捨上聞之是太子而非皇后羣臣寬厚長者皆
附太子而深酷用灋者皆毀之邪臣多黨與故太子譽
少而毀多衞青薨後臣下無復外家為據盜欲構太子
上與諸子疏皇后希得見太子嘗謁皇后移日乃出黃
門蘇文告上曰太子與宮人戲上益太子宮人滿二百
人太子後知之心銜文與小黃門常融王弼等常微
伺太子過輒增加白之皇后切齒使太子白誅文等太

《四部叢刊初編》影印宋刻本《資治通鑒》

关于上面所说的第一个层次，崔万秋、张煦侯和柴德赓诸位先生都没有明确谈，就我个人的看法而言，一般来说，我认为秦和西汉以前的纪事，绝对不能用作史料，不能引用，因为《通鉴》这些部分并没有采录什么我们今天看不到的可信史料；东汉以下，纪事的年代越晚，《通鉴》的史料价值越高，但唐代以前的纪事，还是应该更重视正史的记载，唐、五代部分，《通鉴》的记载则大致可以与正史等基本史籍的记载并重。不过前文所说司马光在原始材料取舍上的缺陷，在哪一部分，都应当予以充分注意。

这个问题的第二个层次，柴德赓先生曾有专门的说明，乃谓"不管是古代，还是后代，引用《通鉴》一千三百六十二年里的材料，一般说来都是正确的"。这个说法，我是很不赞成的。如前文所说，司马光曾经采录过一部分根本不宜采信的材料，结果就不可避免地会导致《通鉴》的纪事出现严重的舛谬。所以，我只能说，在不具备相应能力查阅其他史籍的情况下，对付着依据《通鉴》来叙述史事，是可以理解的，但却不是十分妥当的。不过这个问题太过复杂，实际上几乎所有的史书，都会不同程度地存在一些不可靠的内容，并不仅仅是《通鉴》这一部书的问题，一般读者不要太过迷信《通鉴》的大名就是了。

最后我想在这里再谈谈司马光在《通鉴》中对文字形式的处理问题。

《资治通鉴》的纂述，不仅史料来源早晚不一，性质各异，情况十分复杂，而且在撰著过程中，还有好几位助手，协助司马光做初步的长编性工作，但书中通篇上下的全部文字都是由司马光躬自笔削定稿。因此，不仅全书义例较为严整，即其文字亦宛如出自一人之手。清人钱大昕称"昔人所言事增于前、文省于旧，惟《通鉴》可以当之"（《潜研堂文集》卷二八《跋柯维骐宋史新编》），对司马光驾驭处理文字的能力，给予了很高的评价。在史事裁剪编排得当的同时，司马光的文笔，还相当优美生动，使这部史学巨著居然同时也有很大的可读性和艺术性。在美国执教的唐德刚教授写过一篇《〈通鉴〉与我》的文章，说他在家乡安徽读初中时，暑假里看《通鉴》，竟觉得"历史比小说更有趣"（此文收入唐著《史学与文学》），足见司马光文笔的功力。这自然不是当今所谓主编、总编不干实事徒挂空名者所能并比，也可以说是《通鉴》在史学以外的又一大收获。

从另一角度来看，《通鉴》的文字，既然如同出自司马光一人之手，这也就意味着《通鉴》的文句与其所从出的原始著述已经有很大差异。

关于像《资治通鉴》这样的史书应当如何处理文字这一问题，昔陈垣先生论史书著述体例时，有过一段很明晰的论述，谓之曰：

> 凡引书声明引自古人者，可略而不可改，裴松之之《三国注》是也。未声明引古人而用其语者，可隐括成一家言，

> 范蔚宗之《后汉书》是也。温公之《通鉴》,盖范《书》之类,
> 亦即班《书》用《史记》之类。(见陈垣《通鉴胡注表微》之《书
> 法篇》第二)

明此可知,《通鉴》纪事在遣词用语上与前此诸史有所出入,
是十分正常而且非常合理的事情。

不过,在隐括旧说以成一家之言的时候,《通鉴》也有一
些不甚妥当,甚至失实谬误的地方。例如,金人王若虚就谈到
过下面这样一个例证:

> (《旧唐书》卷八九《狄仁杰传》载)武后问狄仁杰曰:"朕
> 要一好汉任使,有乎?"仁杰乃荐张柬之。《通鉴》改"好汉"
> 为"佳士",《新史》(德勇案:指《新唐书》)复作"奇士"。
> "好汉"字诚为涉俗,然"佳士"不足以当之,矧曰"奇"乎?
> 宁存本语可也。(王若虚《滹南遗老集》卷二三《〈新唐书〉
> 辨》中)

这"朕要一好汉任使"的"好汉",引述的是武则天的原话,
就是属于绝对不能改写而被司马光改写了的词语。

又周一良先生《读书杂识》一文(见周氏《魏晋南北朝
史论集》),在讲述研治魏晋南北朝史事与"音声训诂"之学的
关系时,也举述过一个很有代表性的例证。周一良先生乃谓治
《史》《汉》《三国》者必通音声训诂之学,而六朝诸史中亦多

后世不经见之习语，常待排比推敲，始得其义。李延寿《南史》
《北史》虽采自宋魏诸书，已每以当时常用者转译六代习语，然
因此等习语唐人犹颇有袭用之者，或免遭窜易，逮温公修《通
鉴》，兼采南北朝八书二史，于唐人习语而宋时已不甚了然者，
复又易以当代之语。如《北史》卷三一《高昂传》载：

> 刘贵与（高）昂坐，外白河役夫多溺死。贵曰："头钱
> 价汉随之死！"昂怒，拔刀斫贵。

周一良先生云此"头钱价"三字颇费解，检《通鉴》卷一五七
梁大同三年记载此事遂作：

> 贵曰："一钱汉随之死！"

而陆游《老学庵笔记》卷一〇考述此语云：

> 唐《小说》载李纾侍郎骂负贩者云"头钱价奴兵"。"头钱"
> 犹言"一钱"也。故都俗云"千钱精神头钱卖"，亦此意云。

从而可知"头钱价"一语"系唐人所常用，北宋俗语尚存其
义，然已不甚普遍，故温公以'一钱'二字易之"。

这种词语更换，虽然便于读者理解，却完全改变了历史的
本来面目。尽管像这样的做法，自古已然，司马迁《史记》当

168

中就存在很多类似的情况。但史学著作的撰著体例，本应后出转精，在众口一词都大力称颂司马温公著史的优美文笔时，我想指出这一缺陷，让人们了解这一情况，对大家更好地欣赏和利用《资治通鉴》，应当是会有所帮助的。

另外，从更深一层意义上讲，由此事例可见，若是深入研治相关史事，或是普通非专业读者特别关注某些事项，在阅读过《资治通鉴》之后，最好还是要再去阅读与之对应的正史等更为原始的史料，不宜过分倚重《通鉴》。明人娄坚等尝谓读史"至秦汉而下迄于五代之季"，"必先求之正史而参以司马氏之《资治通鉴》，错综其说而折衷之"（娄坚《学古绪言》卷一《读史商语序》），至少对于包括《旧唐书》和《旧五代史》在内的秦汉以来历代正史来说，这应该说是一种比较合理的途径。清人纂修《四库全书》时，四库馆臣曾批评元人张存中所著《四书通证》，"于历代史事每多置正史而引《通鉴》，亦非根本之学"（《四库全书总目》卷三六），这话讲得或许有些过于绝对，但至少对唐代以前的纪事，可以说是非常清楚地讲明了《通鉴》与历朝正史之间的史料关系问题。

每一部书，就像我们每一个在尘世间生活的人都不可能成为完美无瑕的圣人一样，有它的长处，也必有它的短处。我在上面指出《资治通鉴》一书存在着一些张煦侯等前辈学者没有谈及但却很值得我们注意，或者说是在全面评价这部著作时理应有所了解的缺陷和弊病，是为了帮助初读此书的读者更好地理解和利用这部非常优秀的史学名著，以从中获取更多也更切

实的收益，而不是要刻意与人立异，贬损《资治通鉴》这部名
著和司马光这个大名人。另外，我的这些说法，只是拾遗补阙
性的说明，既没有想对《资治通鉴》一书做出全面的评议，也
不一定正确，仅供大家在阅读张煦侯先生这部《通鉴学》和其
他相关著述的时候，在大家阅读《资治通鉴》的时候，用作很
一般的参考。

  在结束本文的时候，我要郑重地向司马温公致以崇高的
敬意，不管是对他这个人的政治追求，还是学术贡献，都是这
样。同时也愿与所有读者一道，读好这部史学名著，用好这部
史学名著。

2019 年 2 月 26 日记

《两京新记》暨《大业杂记》辑校本
再版序言

　　我做的这两部古籍辑校本，即《两京新记辑校》和《大业杂记辑校》，今在中华书局再版重印。中华书局方面嘱咐我写几句话，说明一下相关的情况，所以我就来和读者谈谈当年辑校这两部古籍的缘由，同时再简单谈谈这两部书在中国古代都城相关载记中的地位。

　　《两京新记》是唐人韦述在玄宗开元年间撰著的一部载述唐西东两京亦即长安城和洛阳城地理建置的书籍。由于唐代的长安与洛阳都是承用的隋朝旧城，这部书中自然包含很多隋代的内容。本来《两京新记》会帮助我们对隋唐两朝的西东两京有很丰富也很具体的认识，可遗憾的是这部重要著述久已散佚不存，只是通过各种形式保留下一部分片段，而且主要集中在西京长安部分，东都洛阳的内容相对很少。

　　与专门记述长安、洛阳两城的《两京新记》不同，《大业杂记》是唐初人杜宝撰著的一部编年体史书，记述隋炀帝以迄隋末的史事，原书也早已散佚无存。由于隋洛阳城是在炀帝时

日本昭和九年（1934）《尊经阁丛刊》影印旧写本《两京新记》卷第三残卷

期经营建造的，所以书中比较详尽地载录了洛阳城的许多基本建置。这些内容，恰好可以对《两京新记》业已阙佚的隋东都部分内容起到很好的补充作用，而且其作者杜宝是由隋入唐，比《两京新记》作者韦述生年要早很多，因此其对隋代洛阳城的记载也就更具有原初性和可信性；同时，在目前所知的《大业杂记》佚文中，这部分关于洛阳城城市建置的内容又占了很大比重。所以，我才把《大业杂记》的佚文辑录出来，与《两京新记》的佚文同时刊出，以供研治隋唐西东两京者了解、利用。

当年我辑校这两部古籍，是缘于在西安随史念海先生学习中国历史地理学时曾以隋唐西东两京的城市建置作为自己的博士学位论文研究方向，最终写成的论文，题作《隋唐两京丛考》。

选择这个题目做博士学位论文，在很大程度上是出于无奈。这是因为我随史念海先生读博士学位未久，即用很大精力帮助业师创办《中国历史地理》季刊，从申请刊号、应付告状检查、编稿发稿，一直到校印售书，主要由我一个人操作，前后持续数年。这实际上已经让我无法潜心读书，但学位和毕业的刚性需求，又逼使我不得不勉力为之，对付出一篇毕业论文。不得已，只好就自己平日读书过程中稍有积累的方面，强自找出一个毕业论文的题目。于是，就选中了隋唐西东两京的城市基本建置问题来混个"功名"。

从读硕士学位时起，我就是在西安跟从史念海先生学习历史地理学知识。历史地理学，在很大程度上，可以说是一门区域的科学。它研究的是各个不同区域内各项地理要素在各个不同历史阶段的存在状态及其在历史进程中的变迁演化。西安，是所谓周秦汉唐诸朝的故都，缘于地利之便，我在读书过程中自然而然地对这一古都的城市建置等历史地理问题产生了浓厚的兴趣，并由古长安联系到与之密迩相关的古都洛阳，研读相关文献，做了一些基础性的研究工作，其中就包括对隋唐西东两京基本文献的探讨和对这两座都城基本地理问题的考辨。这两项工作密切相关，前者也可以说是后者的基础。当我在无可奈何的情况下决定以后者为基础凑成博士论文之后，也就首先对《两京新记》和《大业杂记》这两种基本文献做了比较系统的整理，并最终形成了现在大家看到的这两种辑校本。

上面讲的是这两部辑校本的由来，下面再借这个机会，谈谈《两京新记》以及《大业杂记》中有关隋东都洛阳的内容在中国古代都城文献发展史上的地位。

中国古代关于都城以及其他城市内部建置状况的书籍，大致经历了下述演变过程。

第一个阶段，大致是从战国以来截止到东汉末期以前。在这一阶段，相关著述是以关于城市建设技术方法的书籍为主，其代表性著述就是《汉书·艺文志》著录的《国朝》和《宫宅地形》。这两部书籍被列在《汉书·艺文志》的"数术略形法类"书籍之中。这类书籍的一项基本特征，乃是"大举九州之势以立城郭室舍"，而所谓"九州之势"，也就是山川土地的脉络形势，这是一种自然的存在。因此，我们可以说这类著述的性质，是根据自然地理的状况来设计并且建造都城以及其他普通城邑。《国朝》和《宫宅地形》这两部书虽然早已散佚不存，但现在保存在《周礼》当中的《考工记》，应该是一部与之性质相同的著述，从中还是可以比较清楚地看到这类书籍的大致情况。

第二个阶段，大致从东汉末年开始，包括整个三国时期。

这一时期的主要代表性著述，是东汉末至曹魏期间出现的《三辅黄图》。《三辅黄图》的内容，是载述西汉都城长安及其近畿区域地理状况的书籍，但对西汉长安城及其前身秦都咸阳城的记述，占了很大一部分篇幅。对这部书，需要特别注意的是，它虽然已经超越了仅仅讲述城市建设技术的早期阶段，注重具体展示城市内部的重要地理建置，但书中所记述的内容，却并不是本朝现实的状况，而是业已过去了的前朝的历史形态。若是借用现在的学术术语来表示，只能说这是一些历史城市地理的内容，与现实无关。

　　第三个阶段，从西晋时期开始，到唐代中期。西晋时期皇甫谧撰著的《国都城记》，性质虽然与《三辅黄图》大体相近，讲的还是此前历代帝王都邑的位置等城市地理的基本内容，但也正是从这一时期开始，关于城市地理的著述，其性质发生了一个明显的改变，即这一时期以后涌现出来的大批书籍，主要是记述本朝当时的城市地理状况。在西晋时期，由于都城设在洛阳，所以集中出现一大批记述这一城市地理建置的书籍，不过其中完整流传到今天的只有北魏阳衒之的《伽蓝记》一书（《伽蓝记》是这部书的本名，而所谓《洛阳伽蓝记》只是俗称。关于这个问题，我很早就有了明确的认识，只是一直无暇具体论说，以后将撰写专文加以阐述）。

　　城市地理著述在东汉至西晋时期出现的这些变化，并不是一个孤立的偶然现象。中国古代地理文献的整体情况也与此同步，发生了一些重大变化——这就是记述各地政区设置和户口状况等人文地理内容的文献，由秦和西汉时期扃藏深宫而不容民间窥视，转而在东汉时由班固通过《汉书·地理志》的形式将历史时期的相关内容公之于世；再到西晋时期，出现了诸如《泰始郡国志》《太康三年地记》等一系列记述现实政区状况的地理总志。这些都是中国古代地理学发展史上的重大转折。在这一大背景下，更容易看清，上述城市地理著述，特别是都城地理文献内容的变化，是具有深刻历史原因的。

从《三辅黄图》到《伽蓝记》，这一阶段的城市地理文献，具有一个共同的特点，这就是其内容是以载述宫殿或寺院为主，都是帝王或神祇居处的场所，很少涉及普通城市居民的生活空间。《三辅黄图》俨如帝王宫殿簿籍，类似的著述如西晋佚名撰《洛阳宫殿簿》，竟直接以"宫殿簿"作为书名；又如北魏阳衒之《庙记》，书名也已标明其内容应是以宗庙宫殿为核心。至于《伽蓝记》的书名，更直接标明书中记述的内容是以佛寺为主。与阳衒之《伽蓝记》类似的著述，在西晋以后，还有唐高宗龙朔元年纂辑的《大唐京寺录》等，书中的内容，当然主要是记述京师长安的寺院。

在这一背景下我们来看杜宝在唐代初年撰著的《大业杂记》，虽然这是一部编年体史书，记述隋东都洛阳并不是它的撰述宗旨，但作者在当时若是有所凭依，那么，它所凭依的这部城市地理文献，性质应与上述《洛阳宫殿簿》等相差无几，而不会涉及多少城中普通居民的生活空间。

进入韦述生活的唐玄宗时期，城市地理的著述又一次发生了重大变化，这就是它在继承汉末魏晋以来志宫殿、记寺院传统的基础上，第一次依照长安城整个城市的平面布局状况，系统记录了大量官员和商人等城市居民的住宅以及相关史事，向人们展示了一座城市的整体面貌，而不再仅仅列有帝王和神祇。城市地理的文献，以这部书籍为标志，进入了一个全新的历史阶段。

清人官修《四库提要》，评价北宋初年乐史撰著的《太平寰宇记》说："其书采撷繁富，惟取赅博，于列朝人物，一一并登；至于题咏古迹，若张祐（祜）《金山诗》之类亦皆并录。后来方志必列'人物''艺文'者，其体皆始于史。盖地理之书，记载至是书而始详，体例亦自是而大变。"这种说法，虽然不够精确，但对中国古代地理总志演变趋势的判断，即"地理之书，记载至是书而始详，体例亦自是而大变"，这一论断，可谓大致不误。若是将以《两京新记》为代表的古代城市地理著述内容的变化与之并比，应该很容易看到这两类著述演变的路径和节奏是高度一致的，世俗民间社会的内容在同步增多。《两京新记》和《太平寰宇记》两相映衬，正体现出唐宋之间地理著述发展变化的总体趋势，而这一趋势又正与所谓"唐宋变革"同行并进。

2019 年 9 月 13 日记

《近代游记汇编》序

这套《近代游记汇编》，收录近百种民国时期撰著的游记，集中汇印，推送给读者。现在付印在即，我想在这里先向前追溯一下，谈谈对中国古代游记类文献的一些想法，供读者参考。

清官修《四库全书总目》，在"史部地理类"下列有"游记之属"书籍，云录之以"备考核也"。《四库全书》在这一类目下实际收录的书籍，仅宋张礼《游城南记》、元纳新（乃贤）《河朔访古记》以及明人徐弘祖的《徐霞客游记》，计三种一十五卷。

著名的《四库全书》著录这类书籍如此之少，固然与其类目的划分有关。譬如宋人范成大的《骖鸾录》和《吴船录》、陆游的《入蜀记》以及郑刚中的《西征道里记》，其书中所记，与前述"游记"同样，是以路途经行的见闻等项要素为最基本的内容，《四库全书》却将其划分在"史部传记类杂录之属"项下。另外，更早在《隋书·经籍志》的史部地理类书籍中，我们还可以看到像郭缘生《述征记》、戴延之《西征记》、沈怀

1948年4月开明书店第四版黄炎培著《蜀道》封面

之《随王入沔记》、江德藻《聘北道里记》等专门记述道路行程的书籍。近年北京大学入藏的秦水陆里程简册，则可以说是这类著述的早期渊源。这些，同范成大、陆游和郑刚中上述书籍自属同类。在对书籍做类别划分时，若是更多地着眼于其游其行的"游记"属性，未尝不可以将这些"杂录"与"游记"归并到一起。这也可以说是一种比较宽泛的"游记"概念。

抛开这样的认识不谈，我们若是再看《四库全书总目》在所收录书籍之外的"存目"书籍中，于"史部地理类游记之属"之下尚开列有《古今游名山记》《天下名山诸胜一览记》《名山游记》《名山注》《五岳游草》等计"一十一部一百二十三卷"书籍，就很容易明白，这类著述即使在中国古代"地理"书籍的总体构成当中，也是占有相当比例的。

从纵向的发展过程来看，就上述比较宽泛的"游记"概念而言，中国古代游记的渊源，至迟可以追溯到先秦，我们完全可以把《穆天子传》视为早期游记的突出代表，而合观上述《四库全书》中的"地理类游记之属"书籍和"传记类杂录之属"中的纪行纪游著述，便不难发现，这些现在我们在很大层面上可以用"游记"来概括的书籍，进入明朝以后，特别是到嘉万天崇年间，出现了蓬勃的发展：出版印刷的书籍，数量猛增；其行踪所及的地域范围，也大幅度扩展。

全面、合理地认识中国古代游记类著述的历史发展状况，对于认识各个时期的历史文化面貌具有重要意义。其具体载录的行踪事项等内容，历史文献价值不仅是显而易见的，而且还往往是独一无二的。在这里，我想姑且抛开这些内容不谈，仅仅从文献学史或是学术史的角度举几个例子，说明一下阅读和利用这些游记类著述的必要性。

前些年我在研究北京大学藏秦水陆里程简册的时候，对于怎样给这件新近发现的出土文献拟定一个名称，主要参考后世同类文献的称谓，建议将其定名为《南郡道里记》，或是《南郡北行道里记》《道里记》之类的篇名（别详拙文《北京大学藏秦水陆里程简册的性质和拟名问题》）。前面提到的江德藻《聘北道里记》和郑刚中《西征道里记》，都是主要的参照对象。不了解也不参考古代同类著述名称的人，当然会另有不同的想法，但这类早期著述本来没有书名篇名，我们为其拟定名称的时候，理应同后世与其最接近时代相近的著述为参照。这是只可以与知者道而未可与不知者言的事情，在我看来也是我们在认识古代历史文化的过程中时时刻刻都要持有的观念。

又如，如上所说，至明朝嘉靖万历年间，游记类著述进入了一个全面勃兴的时代。就在这一时期，有一个名叫"吴承恩"的人，写了一部书，书名叫作《西游记》。由于书名和讲唐僧西天取经的章回小说相同，在清乾隆年间，学者吴玉搢就认为这位吴承恩先生写的这部书便是庶民社会众所熟知的章回小说《西游记》。晚近以来，鲁迅先生和胡适先生等大学问家都沿承此说来讲述俗文学史，直至今天，世间仍然很普遍地流行这样的说法。实则这位吴承恩先生撰写的《西游记》，见于清初人黄虞稷所撰《千顷堂书目》的著录，而在《千顷堂书目》中它却是同大量游记一道被列在"地理类"下。显而易见，这部书只能属于游记，而绝不可能是讲述唐僧和孙猴子故事的章回小说，二者真是风马牛迥不相及的两类不同性质的书籍（详见章培恒先生撰《百回本西游记是否吴承恩所作》及业师黄永年先生撰《论〈西游记〉的成书经过和版本源流》两文）。

前述《四库全书》在史部地理类"游记之属"下仅著录有张礼《游城南记》等三种一十五卷书籍，同时又在"存目"书籍中另列有同类书籍"一十一部一百二十三卷"，两处这样悬殊的比例，显示出当时四库馆臣对这类书籍是相当轻视的，所以只择取很少几部书籍写入丛书之内。《四库全书》的纂录宗旨，在很大程度上体现了那个时代的学术风尚，而吴玉搢就生活在编修《四库全书》的那个年代，自然很容易受到这种学术风尚的影响。至鲁迅、胡适等晚近学人，似乎仍未能从中完全摆脱出来。不然的话，看到《西游记》这样的书名，是很容易联想到它或许属于纪行纪游之作的，这样就很自然地会去核查一下像黄虞稷《千顷堂书目》这样的书目，从而也就很容易发现它绝对不会是什么章回小说，与所谓四大古典文学名著之一的同名书籍毫无关系。

再比如著名的《徐霞客游记》，从上世纪 20 年代的丁文江先生起，直至当代的各路学者，绝大多数人都近乎不遗余力地对其加以表彰，以为此书在地理学上有重大贡献，不仅体现了明代地理学的最高成就，而且还把徐弘祖誉为中国现代地理学的先驱。但实际上，只要对明代以及明代以前游记类著述的总体情况有充分了解，就不难看出徐弘祖在各地的行走活动，不过是同那个时代众多"旅游爱好者"一样的游山玩水而已，甚至还颇有放浪形骸的味道，同《金瓶梅词话》体现的明末世风，相连相通。不仅从传统的学术研究角度看徐弘祖其人说不上有什么值得称道的学术贡献，即使是那些徐氏仰慕者很推崇的所谓"地理考察"，实际上同近代科学也根本沾不上边儿（别详谭其骧先生《论丁文江所谓徐霞客在地理上之重要发现》与拙稿《徐霞客史事二题》《谭其骧先生写给我的一封信》。谭文见其文集《长水集》，拙稿见敝人文集《古代交通与地理文献研究》与《困学书城》）。要想对《徐霞客游记》与徐弘祖其人做出合乎历史实际的评价，不能不对中国古代游记类著述的来龙去脉和它在每一个时代断面上的基本情况有一个通盘的了解，不然的话，只见树木，不见森林，是很难做出客观判断的。

当然，古代游记类著述更普遍的史料价值，是它载录的经行之地的地理状况和社会风貌。这些行程记录，在时过境迁之后，都成为我们研究过去的地理面貌、复原昔日地理景观以及了解各地旧时风情的最佳资料。特别是这些旅行记录，往往都是逐时逐地，次序井然，这样的经行次序，更有利于准确地再现昔日的空间关系，史料价值尤为突出。

民国时期的游记，在充分继承古代游记传统的前提下，在内容和形式上都出现很多新的发展变化，内涵更丰富，史料价值也更大，这一点是不言自明的。

概括地说，同中国传统的同类著述相比，民国时期的游记，具有如下两大特点。

首先是数量大幅度增加。仅仅是很有选择地汇印在这套丛刊里的游记，就将近上百种，印成了皇皇四十大册。而如前所述，在《四库全书》中，包括著录和存目两类，也仅有游记十四种一百三十八卷，即使再包括诸如列在"史部传记类杂录之属"下面的那些相近性质的书籍，数量仍然十分有限。可以说今非昔比，完全不可同日而语。

由于同旧时代相比，民国时期的游记在内容和形式上都变得更为丰富，所以在评价这一局面的时候，我们必须回过头来，对"游记"这一著述体裁的性质予以认定。我认为，从深层内涵看，不拘古今，所谓"游记"的内在性质，都可以概括为按照时间的进程来记述空间位移过程中的不同景象。当然在很多时候，还会附有记述者的主观印象与感想。

众多游记类著述能够产生并广泛流行于世，首先是晚近以来社会环境和文字表述形式发生了很大变化。中国的近代历史，一般认为是以 1840 年的鸦片战争为起点。这样的时代划分，固然有其充分的合理性，但清室倾覆，民国肇建，也是中国历史一大转折；或者说鸦片战争以来的历史变动到这时出现了更具有转折性意义的进展。在这当中，就包括新式教育的普及，还有新文化运动所推动的文体变迁，使白话文写作成为时人著述的绝对主流。

社会环境的变化，造成人员往来急速增多；特别是火车、汽车和轮船等新式交通工具日渐通行，大大方便了人们的出行，也缩短了空间距离的限制，扩展了旅行的范围。另一方面，新式教育的兴办，使教育普及的程度大为提高。南来北往的文化人多了，写下的行程记述自然会随之增长。同时，白话文体的特点，又使得人们笔下的文字更容易贴近眼前的景象和表达心中的感触。因而，随着行走的脚步而留下经行的记录，也就成为更多出行者的选项。

造成民国时期游记数量大幅度增长的另一项社会因素，是新的西式印刷方式取代中国传统的雕版印刷，成为文字印刷的主流形式。新的印刷方式，不仅成本大幅度降低，而且印刷效率更大幅度提高，书刊的印制更加便捷，新式书刊的装帧形式也更便于阅读和携带（对于游记类著述很重要的照片，也得以成为文字的重要补充，这也更能传达旅途的景象），这样就能够非常及时地把行人写下的见闻和感想在社会上发布出去，让读者迅即接受，而读者的积极反馈，反过来自然会大大促进游记的撰述和刊行。其实前面讲到的明朝嘉万天崇年间游记数量的迅猛增长，就是与当时在雕版印刷技术上所出现的革命性变化相伴随的。前后通贯看历史，我们更容易看清现象背后的社会因缘。

民国时期游记的第二项重要特点，是这些游记所记述的内容远比旧时要丰富。这既与新式书刊印制方式和白话文体所提供的便利条件有关，更与社会生活的改变具有深层的内在联系。

古老的专制大帝国，骤然间走向民主共和，不管是制度建设、社会组织管理形式，还是伴随着社会体制改变而大规模涌入的外来文明，直到每个人的日常生活形态，都发生了很大变化。这些变化的剧烈程度和新鲜感觉，在许多方面，甚至可以说是天差地别的。由于中国幅员辽阔，地理环境和历史发展程度各异，这些社会变化在不同的地区，又具有重大差异。于是，这些游记的撰述和刊布，对不同地区的人们了解另一地区的社会状况，就具有了特别的意义和强烈的需求。

充分认识到这一历史背景，我们才能更好地领略民国游记的内涵，而对于研究和认识民国时期的历史来说，这一点正是这批游记最重要的价值所在——它向我们展现了那一个转折年代里中国社会的全貌（当然更准确地说，还不止中国，因为这套《近代游记汇编》还包括一部分当时人游历世界的记录），相当具体，相当细致，特别是能够让我们清楚地看到不同地域上所呈现的不同状况。特别需要强调指出的是，这套《近代游记汇编》中的许多游记还配有照片，这更是难得的直观影像。

这批游记的内容如此丰富，价值如此重要，可就像其他很多近代史料一样，其撰著时代离我们虽然很近，但人们要想阅读和利用，却往往比古代的著述更难。原因是这些著述不像古籍那样受人重视，以致许多著述传世的数量并不很多，而且其刊发印行的形式和途径与收藏处所都很分散，甚至连到底都有过哪些书，也不是十分清楚。现在编选汇印这套《近代游记汇编》，就是基于这种状况，希望给人们利用民国时期的游记提供一些便利。我相信，这套《近代游记汇编》的出版，一定会大大促进民国时期诸多领域相关问题的研究。

2019 年 10 月 3 日

新见《永乐大典》读后记

承韩国历史研究院院长李泰镇先生厚谊，惠赠韩国历史研究院在 2018 年印制的《永乐大典》一册。昨天得到这部书，翻检一过，有一些初步的认识，现在把它写下来，和那些还没有看到此书的学人交流。

《永乐大典》的版本，除了当代复制本之外，当然都是写本。不过韩国历史研究院这次影印的底本，并不是永乐年间的原本，也不是嘉靖时期的重写副本，而是 1935 年根据嘉靖副本誊录的一个崭新写本。那么，这么晚的写本，又有什么价值呢？——其价值在于它所依据的原本莫名其妙地失踪不见了。原本是 1914 年经内藤湖南推荐由当时的朝鲜总督府李王职图书室购入的。考虑到那个动荡的年代和复杂的社会形势，其能否仍秘存于人间某个角落，实在不敢抱多大期望；至少在当下，我们还只能依赖这一新过录的本子来认识《永乐大典》这一部分内容，其文献价值与朱明写本可谓差相仿佛。

从影印本中可以看出，这个写本虽然很新，但大体上还

韩国历史研究院印《永乐大典》封底

是保持了明写原本的基本形态：红格，朱墨双色书写，又有圈点，说明是尽量依照原样过录的。其内容系卷八七八二至八七八三两卷，今合订为一册。

具体地说，这两卷《永乐大典》为十九庚"僧"字下"杂录诸僧"的内容，所记都是关于沙门释子的事项。所以，总的来说，为佛教史研究提供了非常重要的资料，值得珍之重之。

除了佛学研究专家之外，对于绝大多数文史学者来说，单单从文献学角度看，在这两卷《永乐大典》中赖之得以保存的独家史料，最多、最重要的是大量的地理文献，其中包括多条《元一统志》和三十多种古方志。不过这些地志的内容，从当年赵万里先生辑录《元一统志》，到晚近张忱石先生等人纂集

韩国新誊《永乐大典》卷八七八二内文首页

《永乐大典方志辑佚》，都已经钞录并印行其文，对国人不再新鲜，剩下的只是其基于文本原始性的文物价值和校勘价值了，而这只是很小一部分专门的研究者才需要去查对核实，其他人是没有必要非去阅览不可的。

《永乐大典》这部书，本来是朱棣为掩饰其杀侄夺位的弥天大罪而刻意营造的一项文化工程（其连续刊刻佛教大藏经《永乐南、北藏》，缘由同样如此）。由于明室太祖高皇帝的血液、基因和家风都污浊不堪且甚为愚蠢，这部以韵统字、用字系事的所谓"类书"，实际上是荒唐至极，笨拙至极，就像清乾隆年间四库馆臣所指斥的那样："割裂庞杂，漫无条理。"中国古代所谓"类书"，本以条理分明便于检索为用，那么这部"漫无条理"的"类书"还编它作甚？岂不跟胡乱堆放的垃圾相差无几？

"幸运"的是，岁月沧桑，很多被《永乐大典》采录的书籍，后来散佚失传了。所以，那些好事的历史学者，就像考古学家从"灰坑"里往外掏古代遗物一样，伴随着清代考据学的兴起和发展，那些特别嗜好考辨史事的学者便纷纷据以辑录仅存于这部大书之中的往古著述。这部书在今天的价值，依然如此。究其实质，不过是废物利用而已，而这件"废物"可供利用的价值，主要是书中所存文献的唯一性；次之，乃是因其钞录时间之早、所据底本之原始而具有的文本校勘价值。

所谓文本校勘价值，或多或少，或大或小，需要时，上手用就是了，对此，毋须赘言。就保存文献的唯一性而言，对韩国历史研究院刊印的这册《永乐大典》我粗略浏览一过，注意到如下三条内容。

一条出自南北宋间人韩驹的《陵阳集》。陈振孙《直斋书录解题》著录韩驹有《陵阳集》五十卷，但今已失传。韩氏传世四卷别集，乃有诗无文。

在《永乐大典》卷八七八三，引述有韩驹《陵阳集》中《寂音尊者塔铭》一文。这位"寂音尊者"，出家之初，以惠洪觉范名，即法名惠洪，字觉范，虽出家，却与世俗社会交游广泛，还把释迦子弟该写的话和不该写的话都写出来，是一位颇具特色的宋代僧人。大观年间，尝游走于丞相张商英之门，及商英败，惠洪亦坐累贬谪朱崖。其工诗能文，并擅绘画，著有《冷斋夜话》《天厨禁脔》《石门文字禅》《僧宝传》《林间录》诸书。

陈振孙在《直斋书录解题》中称惠洪"于士大夫则与党人皆厚善，诵习其文，得罪不悔，为张商英、陈瓘、邹浩尤尽力。其文俊伟，不类浮屠语。韩驹子苍为塔铭云尔"（卷一七"石门文字禅"条）。陈氏所说"韩驹子苍为塔铭云尔"，正是收在韩驹《陵阳集》里的这篇《寂音尊者塔铭》。

鉴于惠洪觉范的社会交游和文化影响，这篇记述其生平行状的塔铭，也就具有特别重要的历史研究数据价值，故在此转录其文如下，以供研治相关史事者参考：

> 建炎二年五月甲戌，寂音尊者宝觉圆明大师殁于南康军同安寺。门人智俱等崇石为塔，葬之寺北五里。卒事，智俱来武宁，求余铭，暮年不去，曰："先师之志也。"乃序而铭之。
>
> 师初名惠洪，字觉范，姓俞氏，高安人。少孤，受学辩博，

中华书局影印明正德刻本《天厨禁脔》　　清江苏重刻《武英殿聚珍版书》本《直斋书录解题》

能缉文，性简亮。年十四，出家依三峰禅师。十九，试经东都，落发受具。听宣秘律师讲《华严经》，一旦不乐，归事真净克文禅师。七年，尽得其道，始自放于湖湘之间。

荆州张丞相闻其名，请传法于峡州天宁寺，师以二诗辞焉。已而杖策谒公，公见之，喜曰："今世融肇也。"给事中朱彦知抚州，以师住持北景德寺。久之，谢去，住持江宁府清凉寺，坐为狂僧诬告抵罪。张丞相当国，复度为僧，易名德洪，数延入府中，与论佛法。有诏赐号宝觉圆明。一时权贵，人争致之门下，执弟子礼。

且将住持黄龙山矣，会丞相去位，制狱穷治踪迹，尚书郎赵赐等皆坐贬官，师窜海南岛上三年，遇赦自便，名犹在刑部。虽毁形坏服，律身严甚。所至长老避席，莫敢亢礼。其同门友希祖，居谷山，及其嗣法在诸山者，皆迎师居丈室，学者归之。是时，法禁与党人游，而师多所厚善，诵习其文，重得罪不悔，为张丞相及郭（邹？）、陈尤尽其力。

其在东都也，咸讥"道人尚交通权贵耶"？师笑谓人曰："安知吾意！"大臣廉知之，故及于难。

及靖康初，大除党禁，谈者谓师前日违众趋义，娄濒于死，既还僧籍，宜有以崇异之。语闻执政，欲上其事，属多故不果。明年师殁，迄志不伸，世以为恨。

寿五十八，腊三十九。著论数万言，皆有以佐世。圜悟克勤禅师尝曰："笔端有大辩才，不可及也。"至他文，皆俊伟不类浮图语。

始，黄太史见其所作竹尊者诗，手为书之，以故名显。既老，自号寂音尊者。予识师久，尝戒之，使远祸，师赫然曰："行吾志尔。矧吾法中本无死生祸福，尚奚恤子言！"予心不善之，口弗能屈也。铭曰：

维古高僧，广学多闻。在秦融肇，传法以文。后皆昧陋，佛法浸埋。师独著书，至老益勤。

维古高僧，名士并游。在晋安深，孙许实俦。后皆伏匿，释儒相仇。师独友贤，虽远必求。

好文致憎，友贤招怨。曾是不虞，数蹈大难。维师之言，世既多有。劘其行事，以告永久。

上述纪事，学者们自可各取所需，从事相关的研究，唯读此塔铭可知，陈振孙在《直斋书录解题》中对惠洪行事的简略叙述，显然都是出自这里。

第二条内容，是写录于《王魏公集》的一篇《明仙和尚记》，也是见于《永乐大典》卷八七八三。所谓"王魏公"是王安石弟弟王安礼，其集原本二十卷，久已佚失无存，清修《四库全书》时据《永乐大典》录出辑本八卷，不过在《四库全书》辑本中，馆臣颟顸，失收这一篇文字。

其文篇幅简短，兹移录如下：

> 明仙和尚名道信者，以净行胜业调伏一乡，传法招提，四众瞻仰。端明王公，以旧德伟望，来殿晋土。镇抚余暇，召至斋馆，留寓信宿，宠以三颂。辞义奥密，深达实相。固龙天之所赞叹，大乘之所印可者也。说者以谓生灭无住，何法可言；语默两忘，方能证道。此诸佛如来所以无示无识离诸门答也。然而文殊师利从无住本一切法，法尚应立，岂尝无言？自非至人，孰与于是？由此观之，王公之召，明仙之来，一句一偈，至理存焉。若夫断分别想，现清净观，大千妙界，闻之者咸离尘劳，不二法门，悟之者顿超觉路，则慈悲誓愿之力可量也哉！年月日临川王某记。

虽然没有多少纪事的内容，但仍可为今山西佛教的历史增添一些具体的内容。

中號曰顧和尚征討有功當圍淮將秦裴於崑山裴援絕不降全武自為

長傲以諭裴封書納歉全武喜召諸將觀之發畫乃佛經一卷蓋以全武

嘗為僧也諸將失色全武大喜曰爾不憂死何暇相讓也及裴降乃為言

弩卒全治之時稱長者九國志

阿闍梨五代史李從超傳從超唐秦王李茂貞第二子為信釋氏時岐下

有僧曰阿闍梨通五天竺語為士人所歸從超延於公舍久而彌敬每以

偈問答動合玄旨深得桼門之祕要焉

道煉和尚元一統志道煉和尚福州長谿人也受度於盧峯院具戒游方

至延平西芹覘一山如鳳形乃即其中剏精舍其徒翕然從之時梁開平

三年也後得請以開平為院額至偽閩通文初遠哀葵之次日塔上生青

蓮花觀者駭異邵人黃裳有絕句云兩臂雲林鳳翅閒不知迴抱有樓臺

昔人果是觀味上曾把青蓮作證來

達岸禪師南每縣志姓梁法名志清新州新興人梁貞明四年生先一夕

父夢神人告曰明日當有神僧來此遂生師幼而知善年九歲日誦孝經

因白其母曰孝經可似佛經毋日但且讀舊何用此佛經乎日孝經又事

父母佛經定求成佛它時必獲功德父母驚嘆因許出家十三念維摩詰

韩国新誊《永乐大典》卷八七八二内文

我注意到的最后一条比较重要的内容，是一段可以补足《旧五代史》的佚文。研治中国古代史者，乃众所周知，宋初薛居正领衔修纂的《五代史》，亦即后世习称的《旧五代史》，其原本早已失传，今世读本，主要是清人辑自《永乐大典》。然当时搜检未周，尚颇有遗漏。在这次韩国影印的《永乐大典》卷八七八二里，载有一条"五代史·李从昶传"，即属此等情况：

> 从昶，唐秦王李茂贞第二子。笃信释氏。时岐下有僧曰阿阇梨，通五天竺语，为士人所归。从昶延于公舍，久而弥敬。每以偈问答，动合玄旨，深得桑门之秘要焉。

能够为《旧五代史》这么重要的基本史籍补充一条佚文，仅仅这一点，我们就值得郑重地向韩国历史研究院印行流通这册《永乐大典》致以谢意了。

我的历史文献知识十分有限，并且只是大过洋年时匆促一瞥，可能还有更重要的独家史料，未能看出；还有敝人近年只是闭户读书，又不喜欢上网看热闹，对外界新发现知之甚少，或早有人对这册《永乐大典》新印本做过介绍和评价，我写这篇短文纯属多此一举。那么，这篇东西就只留做我自己的读书笔记，以见傻读书人自娱自乐之嬉。

2020 年 1 月 2 日记

看人家的信　想自己的事儿

　　前几天去上海书展和读者见面，有机缘参加韦力先生著《著砚楼清人书札题记笺释》的新书发布会。听韦力先生讲述这本书，也听中华书局总编辑顾青先生评议这本书，再翻看检读这本书，产生一些想法。这些想法，有的当场讲了，有的还没顾上说。现在都把它记在下面，留下一时的印象和感觉。

　　现在有很多人，颇为喜欢看人家写下的日记，或是去看人家的私人通信。这些本来并不是公开的文字，所以别人去看，便犹如偷窥，而这偷窥，乃是人这种动物与生俱来的一种低级趣味。低级虽然低级，可也算不上什么恶趣味，其基本驱动力，不过是满足一下好奇心而已。听过之后，还可以给饭桌上的聚会增添些八卦谈资。

　　读书受教育的结果，使我逐渐超越这种动物性的本能，通常是既无意，也无暇关注这些个人隐私的，可作为一个历史研究者，出于工作的需要，还是会翻阅一些前人，特别是古人的日记和信札。但即使是这样，着眼点也是我感兴趣的学术问题，而不是那些狗扯羊皮的内幕。

在古人书札方面，我所知所见都很有限，读得更多的，是被作者或是编者收录在文集里的篇章。古人刻书不易，不咸不淡的应酬往来，天天写，时时用，通常是不会收入其中的。所以文集里收录的，大多关涉比较重要的内容，在作者或编者看来，固有传世或是存世的价值。

例如，清初一代学术巨擘、同时也是诗文高手的顾炎武，尝论述为文之道说："文之不可绝于天地间者，曰明道也，纪政事也，察民隐也，乐道人之善也，若此者，有益于天下，有益于将来，多一篇多一篇之益矣。若夫怪力乱神之事，无稽之言，剿袭之说，谀佞之文，若此者，有损于己，无益于人，多一篇多一篇之损矣。"（《日知录》卷一九"文须有益于天下"条）遵循这样的追求，他仅自编诗集、文集各五卷，而在文集第三、四两卷竟然都是与他人的通信。这些自然都是"有益于天下，有益于将来，多一篇多一篇之益"的书札，堪以"宝翰"拟之。这显示出信札作为一种社会交往作用极强的文体，同时也是体现作者思想和学术的一种重要形式。像《亭林文集》卷三之《与友人论学书》，这也是文集中收录的第一篇书札，书信中即清楚阐述了"博学于文，行己有耻"这一所谓圣人之道，为学之旨。顾氏一生的学行，可以用这八个字来概括，足见信札这种文体的重要性。

不过更多的前人信札，显然是无法一一刊刻传世的。实际上，就其内容而言，在当时的社会情况下也是根本没有必要统不取,伯夷伊尹之不同於孔子也而其同者,則以行一不義殺一不辜而得天下不為,是故性也命也天也,夫子之所罕言,而今之君子之所恒言也,出處去就,辭受與之辨,孔子孟子之所恒言,而今之君子所罕言也,謂忠與清之未至於仁,而不知不忠與清而可以言仁者,未之有也,謂不恥不求之不足以盡道而不知終身於恥且求而可以言道者,未之有也我弗敢知也,愚所謂聖人之道者如之何曰博學於文曰行己有恥,自一身以至於天下國家皆學之事也,自子臣弟友以至出入往來辭受取與之間皆有恥之事也,恥之於人大矣,不恥惡衣惡食,而恥匹夫

清康熙原刻初印本顧炎武《亭林文集》

统印行于世的，特别是那些嘘寒问暖、吊丧问疾的通信，就如同所谓生而饮食一样，只要活着或是活过，就一定随时而有，尽行刻它、印它作甚？

但这讲的只是信札的实质性内容，而后人看待一通前人的书信，并不仅仅是看它这一重价值。比如，看它的书法，看它的字，也是书信的一项重要内涵。这一是因为私下里写信，字体与当时通行的正式写法往往会有所不同，如所谓"章草"，或即与此紧密相关；二是因为名人（不管美名还是恶名）写下的字迹，不论其书艺好孬，字迹妍丑，都是世人竞相藏弄的宝物，所谓睹物思人，即此谓也。

正因为如此，至迟从纸张广泛应用于书写之时起，因其便于收纳藏储，即有名人尺牍墨迹，被人递相收存；复因真迹难得，入手不易，同时又有临摹赝造者流通于世。然而，临写者水平高低参差不齐，且求之者日众，还是有更多的人，希望能够比较便宜地看到接近笔迹原貌的复制本。

于是，我们看到，在北宋淳化三年（992），太宗赵光义敕令拿出内府所藏历代名公墨迹，摹勒刊刻于枣木板上，完工后书版收存在禁庭秘阁，史称《淳化阁帖》。这也可以说是后世历代"法帖"之祖。"法帖"云者，研习书法者所效仿之著名书帖模板是也。

《淳化阁帖》的刊刻，在中国古代印刷史上具有一种很特别的意义。

首先，它的付刻时间，是在北宋太宗时期。正是在这一时

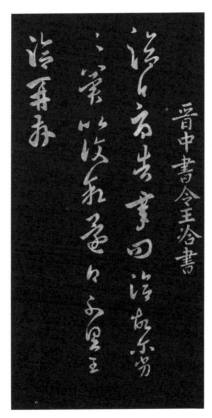

影印明拓肃府本《淳化阁帖》之王洽《辱告帖》

期，从唐开元年间创行的雕版印刷术，被普遍应用于四部书籍的印制。如太宗诏命臣下纂集的《太平广记》，篇幅多达五百卷之多，在太平兴国三年（978）奏进之后，随即便在太平兴国六年奉圣旨镂版印行，足见雕版印刷技术的发达程度。

在这样的背景下，宋太宗模仿雕印木版印书的方法，像镌刻碑石一样，阴刻前贤名帖法书于板木，用以捶拓成字，供人欣赏临摹。相较于模勒上石，在木板上阴刻字型，显然要更容易一些，也要更便捷一些。

拓印碑石的技术，至迟在南朝时期就已经成熟，而刻印专供捶拓的法帖碑石，到宋太宗时才得以出现，这并非偶然。假如我们把拓印技术看作与雕版印刷技术相辅而行的一种特殊印制方法的话（多年前在香港举行的一次印刷史研讨会上，我曾专门讲过这一看法），那么，将会更加清楚地看到这两种文字印制形式相互影响的痕迹。

当初后唐的宰相冯道，主持用木版雕印"九经"（实际上是包括《论语》《孝经》和《尔雅》在内的"十二经"），开启了雕版印刷儒家经典的新时代，这标志着新兴的雕版印刷术业已全面进入上层文化生活领域，而冯道之所以要采用这种新兴未久的印刷技术，乃是缘于当时的后唐政权没有能力再像东汉、曹魏和李唐王朝那样大规模刊刻石经，以为读书士子提供标准的模板。于是，只好退而求其次，改用雕版印刷的形式，颁布权威的经书读本。孰知这一权宜之举，竟成为雕版印刷术全面进入上层文化领域的转折点，进而导致这种新兴的印刷技术迅速普及于各个方面。

如上所述，到了北宋初年太宗皇帝在位的时候，被冯道引入上层文化领域的雕版印刷术业已广泛普及，成了社会上最为通行的书籍制作形式。于是，情况反转过来，又因雕印木版的启发而将用于拓印的碑石改换成了木板，试图借此来提高制作拓本的效率。可以想见，这也会缩减制作的成本，人们当然会乐于尝试。

只是尝试的结果，并不十分理想——后因禁中遭遇火灾，板木焚毁无存。宋人重刻这套法帖，则改木为石，重又走回刻石上碑的老路。后来踵继其后印制法帖的人，大多更愿意刻字于石，以相拓印；当然，这样的碑石，同时也可以供人观览。从总体上来说，专供研习书法的法帖，其刻制形式，基本上再也没有重归木板的初型。我想这主要应是缘于板材不如石材更加适用：一是木板很容易像《淳化阁帖》那样遭遇火灾，被彻底焚毁；二是木板很容易开裂，也很容易泐损，远不如碑石坚固耐久，因而不便长期且随时拓印；三是木板上镌出的字迹，其边廓和锋芒俱不如石材爽利齐整，故捶制出来的拓片，效果欠佳。

及至晚近以来，引入西式印刷技术，始用石印、影印技术复制书札于纸本，其较诸石刻的拓本，显然远为便利，也更减省工本。在书札复制技术大为简便的同时，所选书札的内容也发生了明显改变。

清代一些石刻的法帖，譬如《昭代名人尺牍》，虽然已经兼及书法名家以外的名人手迹，但总的来说，还是重在展现书艺，缺乏富有价值的实际内容，即如罗振玉先生所说，"古人尺牍，吊丧问疾为多，其千里移书，从容问学，求之古昔，未尝遘也"，故"其迹则可珍，其事鲜有可传遗者"（罗振玉《昭代经师手简》卷首自序）。而在近代以来用西式方法印制的一些名家尺牍，已经更多地侧重书信的内容，或是体现书写者的字迹，而不是它有多高的书法艺术。

在这类信札印本中，在我关注的清人学术领域，以罗振玉先生编印的《昭代经师手简》及其《二编》最为重要。这部《昭代经师手简》，编印的是乾嘉学人写给王念孙的书信，而《昭代经师手简二编》收录的是并世学者写给王念孙之子王引之的信札。由于王念孙、王引之父子的学术地位，与其交游者俱属一时学界名流，诸如汪中、钱大昕、段玉裁、阮元之辈，而信中所述多属切磋学术，交流见解，对认识当时的学人学事，价值重大，即如罗振玉先生所云："其人皆儒林之彦，其事皆商量学术，言皆驯雅，有稗来学。"（《昭代经师手简》卷首罗氏自序）通观后来印行的各种清代学人信札，依我固陋的见识而言，亦可谓再无来者。

然而古代文史研究内涵丰富，并不像品鉴名人书法那么单一，那么轻薄，大问题有大问题的价值，小细节也有小细节的意义。具体到每一通信札的史料价值上看，就看你感兴趣的是什么样的问题和你主要关注的是哪些细节。

这些年来，各方面人士以各种方式，陆续印行了大量清人

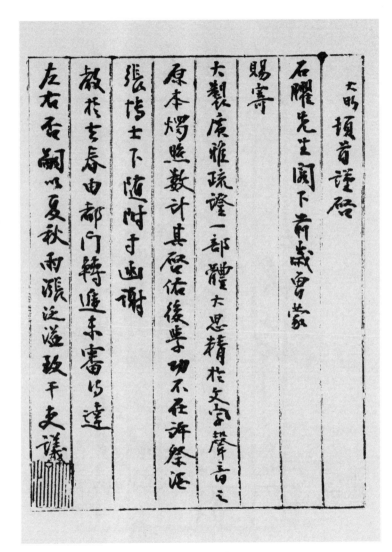

《昭代经师手简》之钱大昕致王念孙函

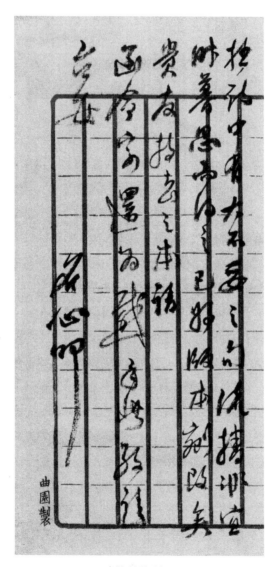

俞樾致潘祖同函

以至近人的信札，而且是以精美的彩印为主，为相关学术问题的研究提供了重要的资料。其实即使是像《淳化阁帖》等传统法帖中那些看似无聊的应酬文字，在社会面貌已根本改变的今天，同样也具备了认识当时样貌的功用。

　　韦力先生刚刚在中华书局出版的这部《著砚楼清人书札题记笺释》，其中的"清人书札"系潘景郑先生旧藏，而所谓"题记"乃是潘景郑先生给这些书札添附的跋语；至于韦力先生的"笺释"，则是兼及"书札"本文和潘氏的"题记"。潘氏是江南藏书世家，且长期司职古籍的庋藏与研究工作；韦力先生则为当今天下第一中国古籍收藏家，亦复潜心研究版本目录之学，造诣深邃。所以他们二人注记疏释的内容，多关涉书史、学史，且较原札颇有延伸拓展。爱书向学君子，读此《著砚楼清人书札题记笺释》，自然会获益多多，受教多多。

　　下面举述几个例子，谈谈我粗粗翻阅这本《著砚楼清人书札题记笺释》后所获得的收获和随意联想到的一些事儿。

　　首先是一件关涉雕版印刷的事项。《著砚楼清人书札题记笺释》中的第二十二通，为俞樾致潘祖同者。其内容甚简，全文如下：

　　　　拙诗中有大不妥之句，流传非宜，昨暮思而得之，已将版本剜改矣。贵友持去之本，请函命寄还为感。手此，敬请
　　　台安

　　　　　　　　　　　　　　　名心叩

潘景郑先生在"题记"中阐释其读札心得云：

> 札云"诗中有大不妥处，已将版本剜改"语，亦以见前贤著述之不苟，有讹必纠正焉。

韦力先生对俞曲园先生为人处世"谨小慎微"的特点，也在该书代序中有所揭示。这当然是这通信札透露出的一项重要内容，不过除此之外，我还特别关注这几句话对雕版印刷史研究的资料价值。

稍微了解一点儿雕版印刷常识的人都知道，同一副版片印制的书籍，往往会有初印、后印以及试印样本等差别。这些前后不同时期的印本，其文字内容往往会有所不同。一般来说，印得越晚，较早印本改变越多。但单纯就文字的是非正误而言，却不一定越早的印本越正确，越早的印本越合理，作者或刊书人常常在先印出一部分书籍之后又改订内容，经剜改书版后再印刷行世。这样的后印本，内容就要比先出的印本更加美满。经常摩挲古刻旧本的人，知道这个道理并不难，可要是刻意寻找直接的记载，却并不容易。现在，俞樾这通信札给我们认识雕版印刷品这一特征，提供了绝佳的材料；至少今后我在讲述这一特征时是要引述俞樾此语作为具体例证的。

接下来我们看这册信札中的第二十九通，这是前清遗民末科状元刘春霖写给他老哥刘春堂的信。韦力先生的笺释，注明

刘春霖致乃兄春堂函

春堂为光绪二十九年进士，官陇西知县，先与乃弟春霖俱师事吴汝纶于保定莲池书院，因知所谓文笔辞章当属兄弟二人刻意讲求之事。

在这封家书里，小弟刘春霖讲述了自己阅读大哥春堂所撰哈同家传后的看法，夸赞其文"气势闳远，是哥本色"。不过这还很像是书信中常见的应酬套话，这封信引起我注意的内容，是下面这两句切入其文的具体评议：

所论作传务求详实，不尚简洁，足正文章家之谬习。

尽管春霖小弟在整体肯定这一行文原则的同时，还强调指出"叙事宜择其大者"，并对春堂大哥传稿的具体内容，提出一些删削的建议，但上述行文规则显然是他们兄弟二人一致认同的"作传"轨辙。

所谓"作传"，实质上也就是著史。盖人物列传，是太史公司马迁在《史记》一书中创立的史学著作的重要体裁，因而写这种人物传记也就等同于撰著史书。广义的史学著述，按照其性质，大致可以分为如下三类，即著史、考史和论史。著史，也就是写历史，这事儿太大，不是咱这样的草野小民该去想的，可以置而不论。论史，这事儿则是一个人有一个人的论法，没什么客观的方法和规矩可谈，不论也罢。所谓"考史"，这是现在大多数吃历史这碗饭的人正在做的主要营生，而我认为它的运作轨辙同"著史"颇有相通之处。盖"考史"与"著史"，其内在实质都是认识并展现客观存在的历史事实，只不过前者重在尽可能客观地辨析具体的史事，而后者重在按照作者自己的史观来展现其想要传达出来的史事的整体面貌而已。

刘春霖说大哥春堂主张"作传务求详实，不尚简洁"，且云这一主张"足正文章家之谬习"，而按照我对所谓"考史"工作的理解，历史研究成果的表述形式，同样是"务求详实"而"不尚简洁"。放胆说句不大恭敬的话，一些人刻意追求的"清通简要"的史学论著写作方式，或许正相当于刘春霖所说"文章家之谬习"。

刘氏所谓"文章家"，我理解指的是桐城派所主张的辞章文法，就其实质而言，这是一种文学的表述形式，而在我看来，历史研究是一项科学的事业，因而要以纯正的科学性为第一要义。它与文学不同，也与艺术无关，要想论证明白、阐述清楚那些疑难的历史问题，就不能不极尽所能，曲畅其说，尽可能做出周详的论证，殊不必自作多情，非去追求什么"文章家"笔法不可（况且人家"文章家"真未必拿你当回事儿）。清人程恩泽所讲的"治史贵纷也"（《癸巳类稿后序》），就很好地概括了史学研究这一特点。

谈到这通书札，还很有必要谈一下韦力先生为它所做的笺释。如上所述，刘春霖在这封信里谈论的学术问题，主要是哈同家传的写法，韦力先生不仅原原本本，笺注此事缘起，且以其秘藏的柯邵忞未刊稿本《蓼园文存》，添附独家说明，谓在此《蓼园文存》所收柯邵忞致哈同夫人函底稿中：

·

　　言及得友人徐石隐告知，罗伽陵嘱爱俪园总管姬觉弥请柯邵忞为撰哈同碑文，然姬觉弥擅自假柯氏之名代撰，又请徐石隐书丹，柯邵忞不欲他人冒名代撰文字，故称"事关名誉，不得不与夫人言之。务乞刻石时，何人所撰，即用何人姓名，切勿书贱名为幸"。

　　柯邵忞对姬觉弥冒名代撰一事颇为不悦，《蓼园文存》又有柯邵忞致徐石隐札一通，称"弟虽不学，然旁人冒名代撰文字，则窃以为耻。乞左右切究潘君，务使此事水落石出为要"。

这种笺释只有韦力先生始得做出，一代闻人哈同的身后事，也借此始得揭明，而我今天特别谈及这一掌故，则意在说明人们的文稿每有他人代撰以致冒名伪撰的情况存在，这是社会上的普遍现象（多年前在《宋史研究通讯》上还看到过一篇不知何许人冒用贱名撰写的书评），我们在阅读前人文辞和编录刊印前人著述时，需要特别注意这样的情况。不然，徒看署名，不辨真伪，有时会闹出很大的笑话；而且谬种流传，还会造成很坏的影响。

　　学人书札，当然会有谈论治学方法的文字，先辈之于后学，更是如此。这是因为后生求学，每期速成，因而总是想要早些访得通天快捷方式；至少能够快步走入正途，免得在寻寻觅觅中耗去太多工夫。

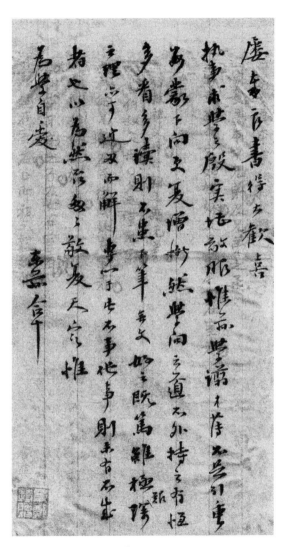

张东荪致某后学函

《著砚楼清人书札题记笺释》中的第三十六通书札，系张东荪致某后学函，文曰：

> 屡奉良书，得大欢喜。执事求学之殷，实堪敬服。惟荪学谫才薄，不足引重，每蒙下问，更复增惭。然学问之道，不外持之以恒，多看多读则不患笔下无文。好之既笃，虽极艰深之理，亦可迎刃而解。专心于此，不事他事，则未有不成者也。以为然否？匆匆敬复。

潘景郑先生的"题记"，称此札"内容似为勉励后学勤奋之辞"，所说虽然无误，却似乎未能中其肯綮。

张东荪讲的这些话，并不是什么泛泛而谈的"勉励后学勤奋之辞"，更绝非敷衍塞责，而是一位学术前辈讲给年轻朋友的治学箴言。浅薄如我，只因为年龄混得大了一些，时常也会遇到年轻的朋友，前来讨教治学的路径。每当这个时候，我都相当窘迫。因为我从来也没有费力琢磨过路在何方，随兴而行，自然而然地向前走就是了，所以根本没有资格给后生小子指引路径。读张东荪这封信，我感觉他当年是遇到了和我现在一样的困窘。因为实在讲不出那位求教者期望的话语，就这么讲了几句读书人真心能懂而其他人却实在不大容易明白的大白话。

对张东荪先生讲的这些话，我是完全认同的。所谓治学之道，不外乎喜好读书而又能持之以恒专心读书这一点，如张氏

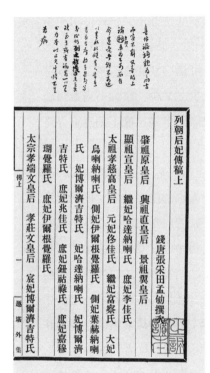

邓之诚批注张尔田《列朝后妃传》

所云："专心于此，不事他事，则未有不成者也。"岂有他哉！岂有他哉！过去我向人讲述自己求学问学的体会，曾借用邓小平讲自己长征历程时用的三个字——"跟着走"，说的也是这个意思。因而张东荪讲的这些话，可谓实获我心。只是这个世界上真心爱读书、一意苦读书的人少之又少，拿读书当敲门砖的人偏偏又急赤白脸地想要一夜成名天下知，能不刻意追寻终南快捷方式？

如上所述，读前人信札，不能只是欣赏其翰墨辞藻，也不宜只是带着挖鼻屎的快感专盯着人家的隐私处看。同阅读所有著述一样，只要我们怀揣一颗真诚的向学之心，总是能够有所收获，有所感悟，也总是能够读到一些在其他著述中读不到的东西。在这册《著砚楼清人书札题记笺释》中，还有一些内容，如第三十七通张尔田致伟臣函，潘景郑先生在"题记"中谈到张氏给《清史稿》撰写的《后妃传》（其单独印行者题作《列朝后妃传》），书稿不为主编者采用却被读者"视为佳史"，韦力先生对此事亦颇有笺释，然而寒斋所藏张尔田友人邓之诚先生批注此《后妃传》印本（书还是张尔田先生赠送的，称作"三版附校记本"），却对张氏之史才史笔多有贬抑。不过这会是一篇很长的故事，详细讲述，须留待他日。

2019 年 8 月 24 日记

《晋商史料集成》序

　　山西商人，是明清乃至民国时期，极具特色的一个地域性商人群体；同时，它也对全国各地以及中国周边一些区域产生了重要的影响。不管是从金融、商业贸易的角度来看，还是从社会、文化、政治等各个方面来考察，所谓晋商，都有很重要的内容值得研究。即以我所从事的相对边缘的历史地理学而言，晋商产生和活动的地域，及其金融、商业贸易活动所涉及的范围和货物流通的路径等，首先就都是中国历史经济地理的重要构成要素；若是改换一下视角，聚焦其社会、文化属性，那么，山西独特的商人文化，或奔走，或寓居于全国各地的山西商人，以及至今仍然有很多存留的山西会馆、山陕会馆，还有伴随着山西商人的兴起和流动而倍加兴盛的关帝信仰、关帝庙遗存，等等。这些又都是历史社会地理和历史文化地理研究的重要课题。

　　昔傅斯年先生论历史学研究方法，曾有一句很形象的名言，即"史学便是史料学"，亦即不断发掘、拓展、整理、解

祁縣　週行竟實銀為主借貸規格如係原轉以一滿算利如係交還即以首尾去一天合算假如交還之日與原借之日一般亦去一天過閏月以巳歸之外首零月以巳歸之連一標付丝扣紋銀現付利丝扣紋銀皆以巳去色付之即是實銀又週行滿加何利紋銀不扣利隨本到其利即是巳去色付之即是付貸紋銀以此去色不等

太谷　週行竟實銀為主故借貸如到期轉係以一付貸紋銀以此去色不等

平遙　週行無色實銀為主借貸不論遠轉以及長短均按帳上所註之日寬算不去付利不扣係紋銀每百以此去色為是所借貸利標後一月付利

滿算利如係故還係以帳上所註之日首尾去二天合算短期亦照長期去一天如給天以外者大小均按大算拾天以內者均按小算付利遠至下一標前一月付利以往扣紋銀每百以二兩去色付利即是滿加利紋銀不扣利隨本到每百以二兩去色付利即是

清光绪二十一年（1895）八月初六太谷裕成达记各处期口银色底

读所应用的史料。尽管现在有很多人并不赞同"史学便是史料学"这一说法，但谁也无法否认，史料学是所有历史研究起步的基点，不管你以怎样一种历史观来研究历史，无一例外，都要从史料出发。晋商问题在中国历史研究中意义如此深广，其资料的搜集和整理，自是重要的基础工作。

在这一方面，伴随着晋商研究的开展，相关部门已经做过一些工作。例如山西省政协组织人员编写的多卷本丛书《晋商史料全览》、中国人民银行山西分行等单位编著的《山西票号史料》及其"增订本"等，都为丰富晋商研究的资料，做出了重要贡献。但也有一类相对比较分散，但性质更原始也更为具体的山西商人史料，在以往出版的晋商史料书籍中，还没有给予充分的反映——这就是有关晋商经营和生活状况的契约、应用手册等民间文书。这些文书，一方面，数量庞多，所涉及的种类各式各样，内容丰富；但另一方面，大多散存于民间，搜集难度很大，需要有心力收藏，同时又有较高眼光鉴别的人，耗费很多时间，花费很多金钱，才能把这一类史料汇集起来。

令研究者深感欣慰的是，山西收藏家协会会长、著名收藏家刘建民先生，从上世纪80年代后期起，就着眼于此，持续三十年时间，倾其心力，多方搜集相关晋商文书，积攒日久，今已蔚为大观，共有各类文书上万件。特别值得称道的是，刘建民先生收藏的这些晋商文书，不仅数量大，而且学术视野非常开阔，举凡合约、股票、万金账、信函、账册、凭折、票据、发票、运单、诉状、呈文、族谱、墓志、行状等，几乎无

驿十三里 沿滔连院石铺五里 五里铺五里

五里 滴水铺五里 大宽川铺 小宽川铺 五丁关

桥五里 泗水铺五里 蓁栎铺五里 火石岩五里 大安驿十里 金惟铺五里

黄连垭十里 铜钱滩四里 土关铺五里 沮水铺十里 毛牛驿五里 沔县十五里

何家堡十里 龙岗五里 田州铺五里

里 海棠桥五里 老道寺五里 乾溪十里 拐项铺十

里 鸡矢阁八里 嫩妙铺十里 褒城县十

将军铺七里 麻评寺十里 龙雅铺十里 黄沙驿十里 拐衔子十里

店蕖小石关 马道驿十里 仙人沟十里

居京铺十里 去五里铺十里

三

重庆至京都路程

222

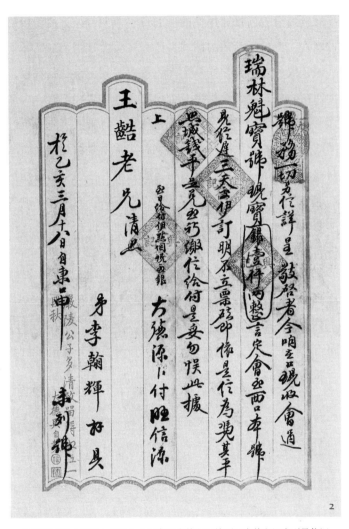

清光绪元年（1875）三月十八日东口大德兴记给西口大德兴记未列号信汇

所不包，除了这些高度人性的文件书物之外，刘建民先生还特别注意罗致有一大批通用性的晋商资料，如与经营活动相关的各种规程，也包括商铺的铺规，还有从买卖日用杂字到算学读本、银钱成色的从商学徒基本知识等等。其中仅行路规程，就有十四册之多，典当规程也有十三册，办布规程十册，而杂货规程竟高达二十一册。像这种行路规程，对研究明清乃至民国时期的商路和商业道路网络，便具有非常重要的意义，而商路和商业道路网络，也是历史地理学研究中的一项重要的基本问题，没有比这种行路规程更为直接也更为具体的史料。由这一例证就可以看出，刘建民先生收藏的这一大批晋商史料，在学术研究上的价值，实已远远超出晋商问题本身。

更为令人欣喜的是，刘建民先生心胸宽广，不以私有独占相自得，而是花费多年精力，将其藏品一一分类整理，成一巨编，交由商务印书馆出版，公之于世，使得天下学人，皆可随意利用，仁心美意，诚堪钦佩。相信晋商以及其他诸多相关研究，都会从中获得帮助，取得长足的进展。

2015 年 8 月 28 日记

1918年中华民国欢庆胜利的宴会菜单

　　偶然看到一份宴会的菜单。对开的白纸折面，开本和一张明信片大小差不多。

　　这份菜单外边的正面，印着北洋政府由鲁迅等人设计的十二章国徽（又称嘉禾国徽），国徽下面，双行竖排印有"民国七年十一月二十九日／大总统府居仁堂晚宴菜单"字样。

　　"民国七年"即1918年。这一年，对于古老的中国来说，是一个很特殊的年份。这一年，持续四年之久的第一次世界大战，战火停息，世界重新回归和平。它意味着，中国成了一个国际战争的"战胜国"。

　　尽管这顶"战胜国"的桂冠，来得有些稀里糊涂，但战胜国就是战胜国，站在战胜国一边总比站在战败的一边风光，而且这可以说是鸦片战争以来中国难得的第一项辉煌荣耀。因此，不能不奔走相庆。

　　这一年11月11日，同盟国一方的德国政府代表埃尔茨贝格尔同协约国一方的联军总司令福煦在法国东北部贡比涅森林

民國七年十一月二十九日
大總統府居仁堂晚宴菜單

菜单外面

Menu

DINER

du 29 Novembre 1918.

Hors d'Œuvre
Consommé aux Nids d'hirondelles
Suprême de Poisson sauce beurre
Vol au Vent de Volailles
Cotelettes d'Agneau à la Villeroy
Pigeon Casserole
Canard rôti
Asperges en branches
Crème fouettée
Fruits-Dessert

俄國魚子　　　　　　　紅燜筍鴿

燕菜清湯　　　　　　　烤大白鴨

白煮桂魚　　　　　　　煮龍鬚菜

什錦翅盒　　　　　　　奶油葫蘆

吉林羊排　　　　　　　鮮果糖食

菜单里面

226

大总统徐世昌在故宫太和殿前的阅兵仪式上

的雷东德车站签署停战协议，第一次世界大战正式宣告结束。
11月28日，北洋政府举行了欢庆胜利的大典，并由大总统徐
世昌在故宫太和殿前隆重阅兵。

使用这份菜单的"大总统府居仁堂晚宴"，就开设在这次
胜利大典的第二天。我对近代史十分陌生，手边也没有相应的
资料查证，但还是不难推想，这次宴会必定是整个欢庆胜利活
动的一个组成部分。因为这场胜利太重大了，上下一片喜悦，
在这个时候，不会另由总统出面搞什么别的宴会。

明了这样的历史背景，就很容易理解，这份菜单现在可以
说是一件珍贵的历史文物了，并不仅仅是让我们看个稀罕，窥
视一下当时的"国宴"都吃些什么而已。

那么，就让我们来看看，这份中华民国欢庆胜利的宴会，
上的究竟都是些什么菜。

　　总共是十道菜。头两道菜，比较名贵，一道是俄国进口的鱼子，一道是很可能来自南洋的"燕菜（燕窝）清汤"。鱼一道，即"白煮桂鱼"。肉，是"吉林羊排"。禽类两道，一道是"红焖笋鸽"，另一道是"烤大白鸭"，后者大概就是现在常说的"北京烤鸭"，可见当时就是上得了国宴的名品。"煮龙须菜"和"奶油葫芦"应该算是蔬菜类菜肴，不过后者动用了奶油，似乎属于源自西餐的品种。"什锦面盒"应是面点，而"鲜果糖食"好像是果盘外加甜点。看起来还算丰盛，也很实在，但和现在的吃法相比，一点儿也不奢侈。

　　我对吃的，实在外行，只是在这里把这份菜单提供给大家，特别是地道的吃货。这也可以说是一份饮食史研究的珍贵资料，会吃的家伙们自然会看出很多名堂。

2018 年 10 月 9 日晚记